이탈리아 수도원 기행 2

하느님께 다가가는 신비한 여정

이탈리아 수도원 기행 2
하느님께 다가가는 신비한 여정

교회 인가 | 2024년 5월 20일
1판 1쇄 | 2025년 3월 25일

글쓴이 | 이관술
펴낸이 | 김사비나
펴낸곳 | 생활성서사
편집인 | 윤혜원 **디자인 자문** | 이창우, 최종태, 황순선
편집장 | 박효주 **편집** | 김병수, 안광혁, 이광형
디자인 | 강지원 **제작** | 유재숙 **마케팅** | 노경신 **온라인 홍보** | 박수연
등 록 | 제78호(1983. 4. 13.)
주 소 | 서울특별시 강북구 덕릉로42길 57-4
편 집 | 02)945-5984
영 업 | 02)945-5987
팩 스 | 02)945-5988
온라인 | 신한은행 980-03-000121 재) 까리따스수녀회 생활성서사
인터넷 서점 | www.biblelife.co.kr
가톨릭 교회의 모든 도서는 '생활성서사' 인터넷 서점에서 만나실 수 있습니다.

ISBN 978-89-8481-692-3 04920
책값은 뒤표지에 있습니다.

© 이관술, 2025.
성경 © 한국천주교중앙협의회, 2025.
이 책은 저작권법에 의해 보호를 받는 저작물이므로 무단 복제를 금합니다.

성 프란치스코회의 등장과
새 시대에 찾은 초심

이탈리아
수도원 기행 2

하느님께 다가가는 신비한 여정

글쓴이 이관술

추천의 글

　이탈리아의 수도원들은 단순한 건축물 이상의 존재로, 중세의 신앙과 영성, 그리고 하느님을 향한 인간의 깊은 갈망이 응축된 공간입니다. 성지 순례 가이드이자 성지 순례학 전문가인 저자는 이 책을 통해 수도원을 바라보는 새로운 눈을 열어 줍니다. 그의 안내에 따라 수도원을 천천히 둘러보는 순간, 이곳이 단순한 관광지가 아닌 신비의 공간임을 깨닫게 됩니다. 이 책은 수도자들의 이야기를 통해 수도 생활의 본질과, 그들이 하느님과 교감을 이루기 위해 나아갔던 여정을 생생히 전달합니다.

　이탈리아를 여행할 때 우리는 로마의 콜로세움이나 바티칸, 베네치아와 피렌체의 아름다운 예술을 떠올리지만, 이탈리아 곳곳에 자리한 수도원들은 그보다 깊고 고요한 성찰의 공간을 제공합

니다. 수도원들은 예수님과 제자들의 공동체 정신이 이어져 내려온 흔적으로, '기도하고 일하라Ora et Labora.'라는 삶의 방식을 몸소 보여 줍니다. 이것은 단순히 성 베네딕토회적 모토일 뿐만 아니라, 베네딕토 성인이 유럽의 주보성인으로 선포된 지 60주년을 넘긴 오늘날 수도원들이 유럽 문명에 얼마나 중요한 역할을 했는지를 새삼 되새기게 합니다. 이미 한국에 진출해 있는 성 베네딕토회, 작은 형제회(성 프란치스코 수도회들)와 성 클라라회, 엄률 시토회(트라피스트회), 카르투시오회, 카말돌리회 등을 떠올리면, 독자들이 이 책을 더욱 친근하게 이해할 수 있을 것입니다.

저자는 수도원 기행이야말로 이탈리아를 가장 깊이 이해하는 방법일 수 있음을 일깨워 줍니다. 이는 단순한 여행이 아닌, 신비의 여정을 통해 하느님의 시간을 인간의 역사 속에서 만나고, 우리 신앙의 '한처음'을 되돌아보는 여정이기 때문입니다. 수도원의 역사적 배경과 그곳에서 삶을 바쳐 온 수도자들의 이야기를 통해, 수도원이 하느님을 향한 인간의 호소임을 일깨웁니다. 수도자들도 인간이기에 때론 실수하고 다투기도 하지만, 그 과정 속에서 하느님께 다가가는 길을 묵묵히 걸어왔습니다. 이들의 이야기는 오늘을 살아가는 신앙인들에게 깊은 영감과 교훈을 전합니다.

수도원 안에서의 작은 고독과 침묵의 시간은 현대인들에게 내면의 평화와 삶의 의미를 다시금 돌아보게 하는 소중한 기회를 제공합니다. 저자는 이 책을 통해 수도원을 '보는' 법을 알려 줍니다. 수도원은 영성과 지혜가 깃든 장소로, 하느님의 시간을 체험하고 고요 속에서 자신의 신앙을 되새길 수 있는 특별한 장소입니다. 조선 시대의 문장가 유한준의 "사랑하면 알게 되고, 알게 되면 보려 한다. 그 이후에 보이는 것은 그 전과 같지 않을 것이다."라는 말처럼 이 책은 수도원을 깊이 이해하고자 하는 독자들에게 수도원의 모든 것을 새롭게 보게 해 줄 것입니다.

이탈리아 수도원 기행을 통해 우리가 보게 되는 것은 단순히 오래된 건축물이나 예술 작품, 성인들의 일대기가 아닙니다. 하느님께 가닿으려 했던 수도원의 존재 이유는 현재를 살아가는 우리 신앙인들이 제기하는 신앙에 대한 의문과 하느님을 향한 신앙의 충실성을 돌아보게도 합니다. 성 안토니오, 성 파코미오, 성 예로니모, 성 마르티노, 성 바실리오, 성 아우구스티노, 성 베네딕토의 시대를 지나고, 중세와 근대, 현대의 1,500년을 넘어 오늘날까지 이어지는 수도원의 삶을 통해, 우리는 수도원이 단지 과거의 유물이 아닌 현재 우리의 신앙을 새롭게 하는 거울임을 발견하게 될 것입니다. 저자의 진정성 있는 안내를 통해, 여러분도 수도원의 신비와 함께 하느님께 다가가는 이 여정에 동참해 보시기를 권합니다.

성 베네딕토회 왜관수도원 수도원장
박현동 블라시오 아빠스

추천의 글

†평화를 빕니다.

저는 수도회의 소임으로 성지 순례 인솔을 자주 하고 있습니다. 주로 이스라엘 순례를 기획하고 안내하고 있지만, 수도회가 창설된 이탈리아 순례도 한 해에 두세 차례 정도 안내합니다.

코로나 이후 첫 순례단과 함께 이탈리아를 찾은 2022년 11월에 저자를 처음 만났습니다. 사실 제가 유학하던 시절 만난 여러 한국인 가이드들은 이탈리아에 대한 해박한 지식을 가지고 있었지만, '성지'와 '순례'에 초점을 맞춰 인솔하는 경우는 드물었습니다. 그래서 그들과 만날 때마다 기대와 우려가 함께했습니다.

"우리 순례단에 복을 쌓은 분들이 많은 것 같습니다. 순례를 올 수 있는 것도 복인데, 훌륭한 가이드를 만나는 것은 더 큰 복입니다." 그 순례를 마칠 즈음 제가 교우들에게 드린 말씀이었습니다.

　저자는 순례 내내 여행과는 다른 '순례'의 의미를 되새겨 주었고, 하느님 말씀과 교회의 전통이 잘 어우러진 설명으로 순례를 풍부하게 해 주었습니다. 특히, 프란치스칸 성지들에서도 프란치스칸인 저보다 더 깊은 나눔을 해 주셨기에 저 역시 '인솔 사제'가 아닌 한 명의 순례자로 함께할 수 있었습니다.

　저는 그 후로도 여러 차례 이탈리아 순례를 기획하고 인솔하고 있고, 매번 저자께 안내를 청합니다. 복음은 되새길수록 힘이 있고, 명작은 결과를 알고 봐도 감동을 줍니다. 매번 같은 분의 안내를 받고 같은 코스를 방문해도 순례를 온 교우들이 누려야 하는 알맹이들을 다시 들을 때면, 그때마다 제게도 감동이 밀려옵니다. 저자와 함께하는 순례에는 그런 힘이 있습니다.

저는 프란치스칸이어서 프란치스코 성인의 유적들에 집중하는 순례를 기획하지만, 수도 생활의 뿌리가 되는 베네딕토 성인의 유적을 비롯해 서양 영성의 중심이라 할 수 있는 몇몇 수도원들도 함께 방문을 합니다. 저자와 함께하면서 이곳들이 또한 서로 깊이 연결되어 있고, 그리스도교 영성의 허파로 교회의 버팀목이 되고 있다는 점도 새롭게 보았습니다. 그래서 이번 책이 저자의 풍부한 '지식' 중에 이탈리아의 '수도원'들에 먼저 집중한다는 사실이 참 고맙습니다. 가장 소중한 앎을 독자들과 나누는 듯해서 감사했습니다.

이 모든 수도원을 다 방문할 수 있는 독자는 드뭅니다. 하지만 책으로 하는 순례여도 독자들은 감동과 교훈을 누릴 것입니다. 아무쪼록 이 책이 초대하는 수도원 순례를 통해 우리 '인생 순례'에 도움이 되는 영성의 길을 만나셨으면 좋겠습니다.

작은 형제회
오학준 요한 신부

들어가는 말

카이로스의 시간 속을 거닐며, 이미 하지만 아직

중학교 시절 '성소'라는 말을 처음 들었고, 제게도 어떤 부르심이 있지 않을까라는 생각에 수도원 성소자 모임에 다니기 시작하였습니다. 애석하게도 성인전에 나오는 사람들처럼 인생의 전환점을 맞을 만큼 특별한 부르심을 느끼지 못했지만 절대 진리에 대한 목마름은 있었던 시절이었습니다. 하지만 그것보다 저를 종교의 삶으로 이끌었던 것은 아마도 아주 어릴 적부터 제 마음속 깊숙이 자리 잡고 있었던 그 어떤 두려움이었을 것입니다.

그 두려움은 바로 흘러가는 시간 속에 있는 '나'의 유한한 존재성에서 나오는 것이었습니다. 내 눈앞에 보이지 않는 사람들은 정말로 존재하는 사람들인지, 혹시 눈을 감고 있으면 이 세상에 나만 있는 것은 아닌지, 죽음 후 나는 과연 어떤 존재로 남는 것인지, 영혼이라는 것이 있다면 나는 과연 어디로 가는 것인지…….

   지금 생각해도 저는 아주 어릴 적부터 들어 보지도 못했던 데카르트의 존재론과 칸트의 인식론을 생각했던 것 같습니다. 그러면서 제가 좋아하는 사람들이 죽기 전에는 이 죽음이 나에게 다가오지 않을 것이라는 생각으로 위로를 삼곤 하였습니다. 아마도 이 두려움은 그전부터 저의 내면에 존재했던 것 같습니다.
   초등학교 1학년 때, 하루는 죽음이 너무 두려워 시간의 흐름을 보고 싶다는 생각이 들었습니다. 궁리 끝에 찾아낸 방법은 집에 있던 커다란 괘종시계의 움직이는 추를 보는 것이었습니다. 시계 앞에 앉아 눈물이 나올 때까지 분침의 움직임을 주시하다가 마침내 바늘이 움직였을 때 저는 드디어 과거와 현재와 미래를 보았다고 얼마나 기뻐했는지 모릅니다. 하지만 이것으로 내 존재에 대한 궁금증은 해소되지 않았습니다. 왜냐하면 제가 본 시간은 세상의 것이었고 아직도 저는 세상의 시간에 묶여 있었기 때문입니다.

그리스인들의 시간

   고대 그리스인들은 시간에 대한 개념으로 **아이온**αἰών, **크로노스** χρόνος, **카이로스**καιρός라는 세 가지 단어를 사용하였습니다. **아이온**은 시작도 없고 끝도 없는 영원성을 나타내는 신의 시간입니다.

크로노스는 양적인 개념으로 1년, 1시간, 1분 등 우리가 측정할 수 있는 세상의 시간입니다. **카이로스**는 질적인 개념으로, 측정할 수 없는 순간이나 때를 가리킵니다.

다시 말해 **아이온**은 사람의 능력으로는 만날 수 없는 영역이고, **크로노스**는 유한한 존재로서 우리가 사용하는 시간이며, **카이로스**는 우리의 힘으로 만날 수는 없지만, 절대자의 개입으로 아이온과 크로노스를 이어 주어 새로운 시간을 경험하게 해 주는 것입니다. 이 세 가지 시간을 그림으로 이렇게 표현하고 싶습니다.

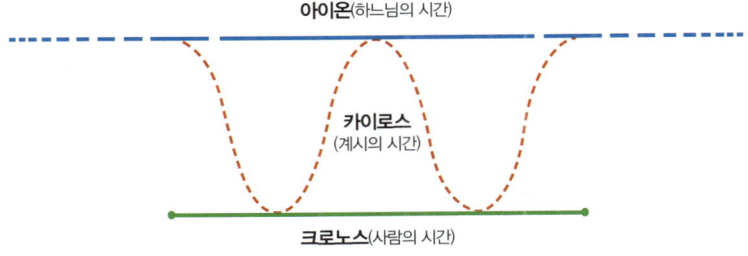

그리스 신화에서는 카이로스를 신격화하여 구체적인 모습으로 표현하였습니다.

"카이로스는 누드의 모습으로 앞머리는 길고 뒷머리는 대머리이며 등에 큰 날개뿐 아니라 발목에도 조그만 날개를 가지고 있고, 손에는 저울을 들고 있다."

카이로스 신의 모습(이탈리아 토리노 박물관).

'기회의 신'이라 불리는 이 신은 사람들이 자기를 빨리 알아볼 수 있도록 옷을 입지 않고 다닙니다. 그렇지만 사람이 쉽게 잡을 수 없을 정도로 빠르게 지나갑니다. 뒷머리가 대머리라 낚아채기도 어렵습니다. 그래서 사람들은 저울 같은 정확한 이성으로 판단하여 다가오는 카이로스의 앞머리를 빨리 잡아야 합니다. 하지만 무턱대고 아무 때나 잡으면 안 됩니다. 기회의 때와 망하는 때를 분간하기 어렵기 때문입니다. 그래서 이 기회의 신 앞에서 사람들은 정확한 지성을 가지고 판단을 하여야 합니다.

하느님의 시간

성경에서 나타나는 크로노스의 의미도 앞에서 말한 것과 크게 다르지 않습니다. 하지만 시간이라는 개념을 **하느님의 시간** 안에서 더 구체적으로 표현하고 있습니다. 우리는 과거에서 현재를 지나 미래를 향해 '시간이 흐른다.'라고 표현하지만 엄밀히 따지면 시간이 흐르고 있는 것이 아니라 우리가 늙어 가고 있는 것입니다. 달리는 기차의 창밖 풍경을 보면 마치 산과 나무가 지나가는 것처럼 보이지만 사실은 열차가 움직이고 있는 것처럼 말입니다.

우리는 세상에 태어나는 순간부터 유한한 세상과 연관된 시간 속에 있기 때문에 엄밀히 말하면 세속Temporalità의 시간에 있는 것입니다. 크로노스는 바로 세상이 창조된 순간부터 만들어진 개념의 시간입니다. 그래서 크로노스는 변화하는 땅의 시간이고 측정할 수 있는 사람의 시간인 것입니다.

원시간Original Tempo은 움직이지 않는 것이며, 그래서 영원하다는 말을 쓰고 있고, 그 영원성의 시간과 함께 계시는 분이 하느님이십니다. 그러므로 영원이라는 시간은 과거와 미래가 없는 현재만 있는 것을 가리키고 있는 것이며 이 세속의 시간은 하느님의 시간, 즉 영원성 안에 있는 한 부분입니다.

그래서 베드로의 둘째 서간 저자는 하느님의 시간을 두고 "주님께는 하루가 천 년 같고 천 년이 하루 같습니다."(2베드 3,8)라고 하였습니다. 또한 일곱 형제와 결혼했던 여자가 부활하면 누구와 결혼하느냐는 사두가이들의 질문에 예수님께서는 "나는 아브라함의 하느님, 이사악의 하느님, 야곱의 하느님이다."(마르 12,26)라고 모세에게 하신 말씀을 상기시키시며, 하느님은 살아 있는 자들의 하느님이라고 답하셨습니다.

곧 구약 선조들의 하느님이 우리의 하느님이 되고, 우리는 영원 속에 계시는 하느님과 동시대에 살게 되는 엄청난 일이 우리도 모르게 벌어지고 있는 것입니다.

그렇다면 **카이로스의 시간**이 신약 성경에 처음 등장한 구절은 어디일까요?

"하느님의 아드님, 당신께서 저희와 무슨 상관이 있습니까? 때가 되기도 전에 저희를 괴롭히시려고 여기에 오셨습니까?"(마태 8,29).

여기서 나오는 '때'는 측정 가능한 시간이 아니라 바로 하느님의 계획에 따라오는 **정해진 때**를 의미합니다. 그래서 신약의 카이로스는 "하느님께서 말씀하십니다. '은혜로운 때에 내가 너의 말을 듣고 구원의 날에 내가 너를 도와주었다.' 지금이 바로 매우 은혜로운 때입니다. 지금이 바로 구원의 날입니다."(2코린 6,2)라는 말씀에서처럼 하느님께서 우리의 말을 들어 주시는 은총의 때입니다. 그리고 이는 우리가 선한 일을 할 수 있는 기회의 때입니다. "그러므로 기회가 있는 동안 모든 사람에게, 특히 믿음의 가족들에게 좋은 일을 합시다."(갈라 6,10).

또 이때는 회개를 할 것인지 말 것인지 선택할 때입니다. 왜냐하면 하느님께서 이미 계획하신 그때가 우리 각자에게 언제 올지는 아무도 모르기 때문입니다. 하지만 하느님께서 수확하실 때는 결정되어 있으며, 어떠한 방법으로 수확하실지도 말씀해 주십니다.

"수확 때까지 둘 다 함께 자라도록 내버려두어라. 수확 때에 내가 일꾼들에게, 먼저 가라지를 거두어서 단으로 묶어 태워 버리고 밀은 내 곳간으로 모아들이라고 하겠다."(마태 13,30).

그렇기 때문에 카이로스는 항상 하느님의 때와 우리의 결정하는 행동 사이에 있고 하느님의 시간에 들어가기 위해서 우리가 어떤 모습으로 바뀌어야 할지를 분명하게 요구하고 있습니다.

"때가 차서 하느님의 나라가 가까이 왔다. 회개하고 복음을 믿어라."(마르 1,15).

하느님은 크로노스, 곧 사람의 시간이 시작되기 전인 창조 이전에 선택된 자들을 위한 영원한 생명을 약속하셨고, 이 약속을 카이로스의 '때'로 드러내고 계십니다. 카이로스의 때가 하느님의 완전한 원의로 크로노스의 시간에 들어온 것입니다.

> "이 영원한 생명은 거짓이 없으신 하느님께서 창조(크로노스) 이전에 약속하신 것입니다. 사실 하느님께서는 제때(카이로스)에 복음 선포를 통하여 당신의 말씀을 드러내셨습니다."(티토 1,2-3).

하느님의 시간은 과거와 미래가 없는 영원한 오늘입니다. 그래서 우리 미래의 삶은 정해져 있지 않습니다. 왜냐하면 하느님께서는 우리의 자유 의지로 결정할 수 있는 크로노스라는 시간을 우리에게 주셨기 때문입니다. 미래라는 이름으로 우리의 앞에 열려 있지만 천 년이 하루 같은 하느님의 입장에서 본다면 늘 우리는 '오늘'이라는 시간 앞에 서 있습니다. 다시 말해 영원한 오늘 안에서 모든 것을 알고 계신 하느님께서는 우리만의 시간인 크로노스에 찾아오는 카이로스의 때에 우리가 어떻게 행동해야 할지 우리에게 주신 자유 의지로 결정하기를 요구하고 계십니다.

그래서 불확실한 기회인 그리스인의 카이로스와 달리 그리스도인의 카이로스는 희망 속의 기다림이고 행동하기 위한 기다림의 시간입니다. 하느님의 '오늘'은 하루의 시간이지만, 우리에게 '오늘'은 죽는 날까지 매일의 시간입니다. 그래서 우리에게 매일은 카이로스의 때이고 죽음의 순간까지 우리 앞에 열려 있는 하늘의 문입니다.

"오늘 너희가 그분의 소리를 듣거든 마음을 완고하게 갖지 마라."(히브 3,7-8).

인간의 시간, 그 역발상의 시작

이런 수많은 오늘 속에서 사람들은 왜 살고 있는지 그리고 왜 죽는지 질문하지 않습니다. 어떻게 살 것인지에 대해서는 다양한 방법들을 제시하지만, 어떻게 죽을 것인지에 대해선 마치 그날이 오지 않을 것처럼 딱히 궁금해하지도 않습니다. 현대인들의 가장 큰 관심사인 '왜 그리고 어떻게' 살아야 하는지에 대해 더 좋은 답을 찾기 위해서는 죽음에 대한 생각이 선행되어야 합니다.

여기서 죽음에 대한 질문이란 단지 죽음 그 순간에 대한 것은 아닙니다. 죽음으로 모든 것이 끝이라면 이는 아예 질문거리가 되지도 않을 것입니다. 모두가 궁금해하는 것은 죽음 그다음에 뭔가가 있느냐는 것입니다. 하지만 아무도 속 시원하게 말하지 못합니다.

왜냐하면 우리가 알 수 있는 사람의 시간은 죽음 직전까지이기 때문입니다. 죽음 그 순간부터 하느님의 시간에 들어가는 것이기 때문에 죽음의 의미를 안다면 지금 내가 왜 살고 있고 어떻게 살아야 할지를 알게 될 것입니다.

공자孔子는 "내가 아직 삶도 모르는데 어떻게 죽음에 대해서 알겠는가?"라고 말했지만, 실은 **살면서 죽음을 아는 것이 아니라 죽음을 알아야 내 삶을 아는 것입니다.** 이를 위해 우리는 **신앙**을 통해 우리의 시간 개념을 크로노스에서 카이로스로 넓혀야 합니다. 왜냐하면 하늘 나라는 인간의 이성만으로 이해할 수 없고 오직 **신적인 이성**, 즉 인간에게 주어진 신앙이라는 것으로 세상의 구세주이며 계시자이신 삼위일체 하느님을 통해서만 알 수 있기 때문입니다. "하느님께서는 모든 사람이 구원을 받고 진리를 깨닫게 되기를 원하십니다."(1티모 2,4). 그렇기에 이 모든 것이 가능합니다.

그런 의미에서 그리스도교는 죽음 이후에 대한 답을 제시해 줍니다. 이는 인간이 만든 것이 아니라 하느님의 계시를 통한 것입니다. 주님께서는 이 계시를 특별한 사람들에게만 보여 주시지 않습니다. 신앙의 눈을 가지고 있으면 누구나 주님의 계시를 볼 수 있습니다. 여기서 카이로스의 시간은 현재 안에서 드러냄의 시간, 즉 계시의 시간이 됩니다.

    초기 교부들은 인간의 이성으로 알 수 없는 하느님의 영역, 즉 하느님의 시간을 '신비Misterium'라고 불렀습니다. 하느님께서는 세상 창조 이후 여러 방법을 통해 이 신비를 드러내셨습니다. 구약에서는 성부이신 하느님께서 예언자를 통해, 신약에서는 성자이신 하느님께서 사람의 모습을 통해, 그리고 예수님께서 승천하신 이후에는 성령 하느님께서 교회와 성인과 성모 마리아를 통해 보여 주고 계십니다. 그럼으로써 이 신비한 영역은 **인간의 역사**라는 구체적인 시간과 연결되어 있는 것입니다.

    이 책에서 함께 떠날 수도원 기행이 그 신비의 영역을 들여다보는 현미경 같은 역할을 하길 바랍니다. 세속이라는 시간 안에서 하느님의 때를 적극적으로 기다리며 살았던, 종교 개혁 이전까지의 중세 1,000년 수도원의 삶 곳곳에서 카이로스로 오신 하느님을 발견할 수 있습니다. 수도자들은 세속의 것을 선택적 의지로 포기하면서 이 세상에서도 하느님 나라에 가까이 갈 수 있고, 심지어는 하느님의 시간을 미리 맛볼 수 있다는 것을 보여 주려 한 사람들이기 때문입니다. 교회는 거룩하지만 그 구성원인 사람은 죄로부터 완전히 벗어나지 못하기 때문에 실수도 있었고 다툼도 있었지만, 그럴 때마다 선한 의지를 가진 사람들이 나타나 새로운 방법으로 하느님께 나아가는 방법을 제시하며 하느님께 한 발 한 발 다가간 귀중한 시간이 중세였습니다.

이 책에서는 보편적인 규칙서로 서방 수도회의 길을 열었던 성 베네딕토와 그의 이름으로 된 수도회들, 수도회가 세속에 너무 가까이 가려 할 때 은수적인 삶을 강조하며 개혁하려 했던 수도회들, 규칙보다는 하느님의 섭리와 이웃 사랑으로 살려고 한 수도회들, 그리고 다시 초기 베네딕토의 영성을 재조명하며 돌아가려고 한 수도회까지 하느님의 시간 안에서 적극적으로 행동했던 귀중한 중세 수도원의 역사를 크로노스의 시간 속에 살펴보려 합니다.

저는 복음적 단어인 **'여기 그리고 지금HIC ET NUNC'**, 종말적 단어인 **'이미 하지만 아직GIA' MA NON ANCORA'**이라는 말을 좋아합니다.
하늘 나라의 복음이 선포되는 **지금 바로 여기**(카이로스)에서 이미 영원한 하느님의 시간을 맛보았습니다. **하지만 아직 여전히** 세상의 시간(크로노스)에 있기 때문에 완전한 하느님의 시간에는 들어가지 못한 상태입니다.
이 시간의 완성은 죽음이라는 문을 통해 이루어질 것이기 때문에, 더 이상 나에게는 죽음이 피해야 될 시간(크로노스)이 아니라, 기다리고 기다려지는 때(카이로스)일 수밖에 없습니다.

결국, 나는 천국에서 **이미** 살고 있고 또 죽어 하느님의 시간 속에 살 것이라는 희망이 있기에, **지금** 내 삶의 시간은 내 존재를 풍성하게 해 주는 중요한 때입니다.

이탈리아라는 땅에서 이방인(순례자)의 삶을 살면서 많은 어려움을 함께 견디며 이 책을 쓰는 데 큰 힘이 되어 준 아내에게 고마움을 전하고 싶습니다. 또한, 이 책을 훌륭하게 엮어 주신 생활성서사 단행본 편집부에도 진심으로 감사드립니다.

로마에서, **이관술** 요한 마리아 비안네

차례

추천의 글 박현동 아빠스(성 베네딕토회 왜관수도원)   4
추천의 글 오학준 신부(작은 형제회)   8
들어가는 말   11

1부   은총의 빗물

1장	길 위의 수도원	28
	하느님께 향하는 또 다른 이들 길 위 인간의 영성	29
	나의 교회를 고쳐 세워라 성 프란치스코 수도회, 사람들 속으로	41
	지옥의 언덕이 천국의 언덕으로 아시시의 성 프란치스코 대성당	58
	프란치스코 성인의 신비로운 여정 천사들의 성모 마리아 대성당	120
2장	확신으로 이룬 꿈	142
	중세의 신여성 성 클라라의 생애	143
	신비의 현현 성 클라라회, 성 다미아노 성당에 복음 자리를 틀다	153
	빈자와 순례자를 위한 땅 성 클라라 대성당, 그리스도의 뿌리가 되어	175

이탈리아 수도원 기행 *2*

2부 세 개의 돌

새로운 시대와 초심	194
르네상스와 함께 눈뜬 처음 그 마음 몬테 올리베토 대수도원	195
기도와 노동의 힘 그림으로 보는 성 베네딕토의 삶	210

주註 238

1부

은총의 빗물

1장 길 위의 수도원

2장 확신으로 이룬 꿈

1장

길 위의 수도원

하느님께 향하는 또 다른 이들
길 위 인간의 영성

나의 교회를 고쳐 세워라
성 프란치스코 수도회, 사람들 속으로

지옥의 언덕이 천국의 언덕으로
아시시의 성 프란치스코 대성당

프란치스코 성인의 신비로운 여정
천사들의 성모 마리아 대성당

길 위 인간의 영성

하느님께 향하는 또 다른 이들

중세의 수도원은 누구에게나 열려 있던 장소가 아니었습니다. 평민 중에는 글을 모르는 이들이 많아, 그들이 수도원에 들어가더라도 기도 생활에 전념하기보다는 콘베르시(노동 수도자)가 되는 경우가 대부분이었고, 그 수도 적었습니다. 평민들에게 자기희생을 통한 하느님 체험을 할 수 있는 가장 좋은 방법은 '순례'였습니다.

예수님께서 승천하신 후, 그 모범을 따라 자신의 삶을 바친 이들을 수도자라고 한다면, 한시적으로 자신의 삶을 벗어나 세상에서 적극적으로 수도자처럼 산 이들을 **순례자**라고 합니다. 르네상스 3대 문학가였던 단테는 저서 『새로운 삶 Vita Nova』에서 '광의의 순례자는 자신의 집을 떠나는 모든 사람들, 협의의 순례자는 대大야고보 사도의 무덤을 향해 가는 사람들'이라고 정의하면서 예루살렘으로 가는 사람은 '팔미에리Palmieri', 로마로 가는 사람은 '로메이

순례자의 성모, 카라바조, 성 아우구스티노 성당, 로마.

Romei' 그리고 산티아고 데 콤포스텔라를 가는 사람은 '페레그리니 Peregrini'라고 지칭했습니다. 오늘날 순례자라는 명칭은 바로 여기에서 유래했습니다.¹ 13세기 단테의 저서에 자세히 등장할 정도로 순례 체험은 많은 중세인들에게 두렵지만 새로운 세계로 향하는 희망이기도 했습니다.

이슬람 세계의 가장 중요한 성지가 마호메트가 태어난 메카라면, 그리스도교 세계의 가장 중요한 '성지Terra Santa'는 강생하신 예수님께서 복음을 전하신 후 수난, 부활하신 다음 승천하신 **예루살렘**입니다. 예수님 승천 이후 그리스도교인들에게 성지 순례는 곧 예루살렘으로 가는 것을 의미했습니다.

하지만 서로마 제국의 멸망과 이슬람 세력의 등장으로 여러 종교와 민족이 뒤섞인 예루살렘의 정치적 갈등이 심해지면서 서유럽에 사는 그리스도인들의 예루살렘 순례는 더욱 어려워졌습니다. 그러자 예루살렘과 비슷한 의미를 지닌 곳을 찾아 순례를 떠나기 시작한 이들에게 대안으로 등장한 곳이 베드로 사도의 무덤이 있는 로마와 대야고보 사도의 무덤이 있는 **산티아고 데 콤포스텔라**였습니다.

그리스도교인들이 예루살렘 성지를 순례하는 가장 큰 목적은 예수님의 무덤 앞에서 자신의 죄를 고백하고 완전한 용서를 받기 위해서였습니다. 이는 오늘날 성년聖年의 전대사Indulgenza와 같은 것으로, 당시에는 유일하고 완전한 방법이었습니다. 예루살렘이 직접적인 전대사를 받을 수 있는 곳이라면, 로마와 산티아고 데 콤포스텔라는 사도의 전구로 간접적 전대사를 받을 수 있는 곳이었습니다.

로마에 무덤이 있는 베드로 사도는 예수님의 수제자로서 예수님께 사람들의 죄를 용서하는 권한을 받은 첫 번째 인물이었습니다.[2] 그래서 순례자들은 베드로의 무덤 앞에서 죄의 용서를 청하였고, 천국의 열쇠를 가진 베드로의 전구로 예수님의 완전한 용서를 받을 수 있다고 확신했습니다.

이탈리아 곳곳에서 쉽게 만날 수 있는 순롓길 이정표.

산티아고 데 콤포스텔라에 무덤이 있으며 예수님께서 특별히 사랑한 사도 중 한 명인 대야고보 사도는 예수님께서 승천하시기 전에 "너희는 온 세상에 가서 모든 피조물에게 복음을 선포하여라."(마르 16,15)라고 하신 말씀을 가장 잘 실천한 사도였습니다. 사도의 무덤이 발견된 장소가 예루살렘(예수님)을 기준으로 보았을 때 대서양에 접한 서쪽 끝(땅끝)이었기 때문입니다. 사람들은 그런 대야고보의 무덤을 찾아 죄의 용서와 예수님의 은총을 청하면 예수님께서 사도의 전구를 분명히 들어주실 것이라 생각했던 것입니다.

전대사의 은총 외에도 큰 병이나 어려움에 처한 이들이 성인들에게 도움을 청했다가 그 기도가 이루어지면 그에 대한 감사의 의미로 성인의 유해를 모신 곳으로 순례를 떠나기도 했습니다. 이 '희생의 순례'는 성인에게 받은 은총을 세상에 알리는 증언의 행동이었습니다. 또한 당시 사법권을 교회가 갖고 있었기에 죄에 대한 보속이나 처벌로 순례를 떠나는 경우도 있었습니다. 성인의 유해가 있는 곳으로 향하는 이 순례의 여정은 자신의 죄를 돌아보고 뉘우치는 시간이기도 했지만, 집을 떠날 수 없으면 대리자에게 돈을 주어 대신 보내거나, 성인의 이름으로 소성당을 봉헌 또는 성당의 수리비를 지불하는 것으로 대체하기도 했습니다.

순롓길에 만난 성가족상.

중세 시대에 자신의 동네를 떠난다는 것은 많은 용기와 함께 하느님께 나의 죽음까지 맡길 수 있는 전적인 믿음이 필요한 행위였습니다. 목적지에 언제 도착할지, 다시 돌아올 수 있을지 누구도 확신할 수 없었습니다. 정해진 것이 아무것도 없는 순례 여정에서는 하느님의 섭리에 모든 것을 맡기는 것이 유일한 희망이었습니다. 하루에 밥을 한 끼만 먹어도, 넘어져 다리가 부러져도, 도적을 만나 모든 것을 빼앗겨도 제일 먼저 '감사'라는 말을 하는 이들이 순례자였습니다. 가진 모든 것을 내려놓는 그 순간, 그들은 하느님의 기적을 체험하는 것입니다.

"언제나 기뻐하십시오. 끊임없이 기도하십시오. 모든 일에 감사하십시오. 이것이 그리스도 예수님 안에서 살아가는 여러분에게 바라시는 하느님의 뜻입니다."(1테살 5,16-18). 바오로 사도의 이 말씀은 순례자들이 순례에서 얻는 체험이었고, 증언이었습니다. 그들의 순례는 단순히 공간적 의미의 다른 세상으로 가는 것이 아닌, 자신의 일상, 습관, 악습, 생각, 행동에 이르는 모든 것을 세상에 던져 버리는 자기 비움의 시작이었습니다.

길 위의 순례자 수도원 영성

수도자가 수도원에 들어가기 전 주님의 부르심이 필요하듯, 순례자도 순례를 떠나기 전 자신의 결심에 더해 교회의 전례를 통해 순례자 신분을 얻어야 했습니다.

순례자 신분을 식별하는 세 가지 요소에는 순례복, 배낭, 지팡이가 있습니다. 수도자가 수도복을 입는 착복식을 하듯이, 순례자도 일상에서 벗어나 새로운 세상에서 하느님께 모든 것을 봉헌한다는 의미로 본당 신부 앞에서 순례복을 입는 착복식을 거행했습니다. 이를 통해 순례자는 교회의 가장 낮은 성직자로 인정받았으며, 길에서 만난 순례자들과 국적을 떠난 깊은 동료애와 유대감을 느낄 수 있었습니다.

순례복 착복 예절에서는 순례자의 지팡이와 배낭도 축성했습니다. 나무 지팡이의 목적은 순례자의 발이 되는 것입니다. 순례자의 세 번째 발이 된 지팡이는 삼위일체의 신비를 의미하며, 이로 인해 순례자는 혼자만의 걸음이 아닌, 성부이신 오른발과 성자이신 왼발 그리고 성령 하느님이신 지팡이에 의지한 믿음의 발걸음을 옮기게 됩니다. 또한 위급한 상황에서 지팡이는 무기로도 사용되었습니다.

순례자의 배낭은 죽은 동물 가죽으로 크지 않게 만들었습니다. 죽은 동물 가죽은 악습과 욕망, 배고픔과 목마름 등을 죽여야 하는 순례자의 금욕주의적 삶을 의미합니다. 또한 죽음이 나와 멀지 않은 곳에 있으나, 이 죽음이 성 프란치스코의 말씀처럼 하느님 아버지께로 친절히 인도할 누나와 같음을 가르쳐 준다는 의미도 있습니다. 배낭을 크지 않게 만든 것은 순례 동안 자신의 계획이나 의지를 덜어 내고, 오로지 하느님 섭리에 믿음을 두기 위해 음식이나 소유물을 최소화하라는 의미입니다. 배낭의 입구는 항상 열어 두었는데, 이 또한 먹을 것이 부족하더라도 자신보다 더 가난한 사람이나 동료 순례자들을 위해 자신의 모든 것을 내어 줄 수 있는 마음과, 반대로 도움을 받을 때에는 하느님의 섭리에 감사하는 마음을 지니라는 의미였습니다.

순례자의 가난함은 하느님을 향한 무한한 신뢰였으며, 순례자의 애덕은 이웃 사랑과 하느님 사랑이라는 모든 그리스도교인의 연대감으로 발전했습니다. 이 시기에 수도원에는 순례자들을 위한 건물인 '손님의 집Ospizio'이나 '외부인 숙소Foresteria'가 생겼고 또한 그들을 치료할 수 있는 약국이나 병원도 만들어졌습니다. 그들이 순례 중에 죽으면 같은 수도자가 죽은 것처럼 수도원 한편에 무덤을 만들어 주기도 했습니다.

문자화된 규칙서는 없었지만 순례자들은 세상 것을 버린 가난, 하느님께 모든 마음을 드리는 정결, 순례 중에 생긴 일을 받아들이는 순명의 마음으로 (비록 교회의 인준은 받지 않았지만) **'순례자 수도원'이라는 특별한 길 위의 영성**을 지키고자 했습니다. 그들은 세상의 모든 것을 버리고 길 위로 예수님을 따라나선 사람들(마르 10,21 참조)이

"인내와 겸손이 있는 곳에 분노는 없습니다."(화분 받침돌의 글).

며, "나는 길이요 진리요 생명이다. 나를 통하지 않고서는 아무도 아버지께 갈 수 없다."(요한 14,6)라는 말씀을 믿고 길 위를 걸어가는 사람들이었습니다. 순례자들에게 길은 물리적인 것이 아니라, 참회와 기도, 애덕과 죽음의 영적인 것이었습니다. 그래서 이들을 '길 위의 인간Homo Viator' 혹은 '순례자Peregrinus'[3]라고 불렀고, 일부는 종말론적 신앙으로 이어져 순례자들의 걸음을 두고 저 세상으로 넘어가는 과정을 사전에 체험하는 연습이라고도 했습니다. 이런 연유로 중세 수도원은 입회 희망자에게 '길 위의 영성'을 먼저 살아볼 것을 권고했습니다. 이러한 '길 위의 순례 영성'을 충실히 살며 수도회를 완성한 대표적 설립자로는 성 프란치스코와 성 로무알도가 있습니다.

하느님 은총의 빗물을 담은 '길 위의 순례 영성'

이 순례자의 마음가짐은 오늘날에도 무척 중요합니다. 요즘은 하느님 중심의 순례가 아닌, 나 중심의 '순례 여행'을 떠나는 것이 사실입니다. 내가 계획을 짜고, 상품을 고르고, 비용을 지불하는 등 모든 것의 중심에는 내가 있습니다. 그러다 보니 잠자리나 음식이 내가 생각한 순례 여행의 수준에 맞지 않으면 화가 나기 시작합니다. 순례 여행에 하느님 섭리는 없고 오로지 내 계획과 의지만 있기 때문입니다.

물론 비용을 지불하고 서비스를 받는 현대적 상업 논리를 부정할 수는 없습니다. 세상에는 자기중심적으로 선택할 수 있는 '상품'이 많이 있습니다. 나를 중심으로 세상의 온갖 정보를 채우는 것은 '여행'입니다. 그래서 여행을 가면 새로운 것을 먹고, 사고, 보고, 사진을 찍어 남기고 사람들에게 보이고 싶어 합니다.

하지만 순례는 내가 모르는 하느님에 대한 새로운 정보를 찾아 떠나는 여행이 아닙니다. 그래서 순례자는 **"성경 안에서, 전례 안에서, 가르침 안에서 만났던 예수님을 이제 성지에서 새롭게 뵙고자 하오니"**[4]라고 기도하며 하느님께 내 중심을 맡기고, 그분께서 이끌어 주시고 당신의 사랑으로 채워 주시도록 겸손한 마음을 가지는 사람들입니다.

이 겸손한 마음을 위해 순례자는 하느님 은총의 빗물이 채워질 수 있도록 마음을 비워야 합니다. "너희가 내 이름으로 청하는 것은 무엇이든지 내가 다 이루어 주겠다."(요한 14,13)라는 말씀이 이루어지려면 내 마음이 먼저 비워져 있어야 합니다. 우리의 마음은 그릇과도 같습니다. 이 마음 그릇이 넘치면 근심과 걱정이 다가오고 하느님 은총의 빗물도 우리가 모르는 사이에 마음 그릇 밖으로 흘러 나갈 수밖에 없습니다. 반면 이 은총의 빗물이 채워질 때 우리는 그것을 기적이라고 부릅니다. 순례자는 끊임없이 자기를 비우고 이웃을 사랑하며 나누는 사람들이고, 그럼으로써 하느님 섭리에 모든 것을 맡기는 사람들입니다. 그래서 순례 중 일어나는 모든 일은 하느님 체험이며 기적이 되는 것입니다. 이것이 **길 위의 순례자 수도원 영성**입니다.

성 프란치스코 수도회, 사람들 속으로

나의 교회를 고쳐 세워라

　교황권이 세속의 권력을 누르고 최고의 절정기를 구가하던 인노첸시오 3세 교황(재위 1198-1216년) 시기에는 교황의 축복 없이는 황제라는 칭호도 받을 수 없을 정도였습니다. "교황은 빛나는 태양, 황제는 그 빛을 받아 빛나는 달"이라는 말이 나올 정도로 교황이 막강한 권한을 휘두르던 시기였습니다. 교황에게는 강한 군대 없이도 '파문'이라는 무기로 살아 있는 황제를 지옥으로 보낼 권한이 있었고, '하느님께서 원하신다.'라는 구호 아래 교황의 지휘로 십자군 전쟁이 치러지고 있었습니다. 세상 끝까지 가서 복음을 전하라고 하신 예수님의 말씀이 실현될 것만 같았습니다.

　경제적으로는 봉건 영주의 장원 중심의 농업 경제에서 자치 도시Comune 중심의 상공업 경제로 이행되는 과정이었으며, 사회적으로는 영주나 수도원장에게 예속된 삶에서 벗어나 자신의 능력을

1부 은총의 빗물　___　41

성 프란치스코 대성당과 아시시 마을 일부.

더 중요하게 여기는 자유 시민의 삶으로 나아가기 시작했습니다.

이러한 시기에 교회의 힘은 소유가 아닌 가난과 나눔 그리고 겸손에 있다고 외친 이가 있었습니다. 훗날 프란치스코 수도회를 창설한 **성 프란치스코**였습니다. 그는 기존의 베네딕토 규칙을 준수하는 수도회들과는 달리 건물이나 토지 등 모든 형태의 소유를 배격했고, 시토회와도 달리 수도회 유지를 위해 농장이나 목장을 운영하지도 않았습니다. 오직 형제들 간의 사랑과 신자들의 애덕에 의존해 마을 사람들에게 먹을 것을 청했던 그들을 **탁발 수도회**라고 불렀습니다. 그들은 모든 것을 하느님의 섭리에 의탁하는 절대

성 프란치스코의 생가 터에 세워진 성당(Chiesa Nuova)과 그의 어머니와 아버지 청동상.

적인 믿음으로 성경의 예수 그리스도를 따라가는 삶을 살았습니다.

성 베네딕토회의 생활 중심인 수도원Monastero 건물에서 기도, 식사, 노동, 묵상, 공부 등 모든 것을 수도원 규칙에 입각해 살았던 이들을 '수도승(Monaco, 홀로 있다)'이라 불렀습니다. 이들의 수도원은 하느님께만 마음을 두기 위해 마을에서 먼 산꼭대기에 있었습니다. 하지만 성 프란치스코의 탁발 수도회는 사람들을 찾아 세상으로 나간 이들이었고, 성경 안에 살아 계신 예수님의 삶을 따르려던 이들이었습니다. 그들의 규칙서는 복음서 자체였고, 복음을 살아 복음을 전하던 수도자 한 사람 한 사람이 수도원이었습니다. 기도 수도자와 콘베르시의 구분 없이 서로를 '형제(Fratelli, 당신과 나 사이)'라고 불렀던 이들의 성당은 도시 근처, 사람들 곁에 세워졌습니다. 건축의 형태도 수도자들만이 아닌, 많은 신자들이 들어와 복음을 듣고 전례에 참여할 수 있도록 새롭게 지어졌습니다.

성 프란치스코가 태어난 곳에 세워진 소성당.

프란치스코의 인생을 바꾼 두 가지 꿈

1182년 아시시Assisi에서 태어나 1226년 향년 44세로 아시시성 밖의 포르치운콜라에서 선종한 성 프란치스코의 이름은 세례자 요한이었습니다. 프랑스에서 포목을 수입하면서 프랑스 출신의 아내를 사랑한 아버지는 아들이 프랑스인처럼 자라길 바라는 마음으로 프란치스코라는 애칭을 붙여 주었습니다. 부유한 상인 집안에서 태어나 유복한 어린 시절을 보낸 프란치스코는 당시 황제를 지지한 페루자와 교황을 지지한 아시시 사이의 전쟁에 참전하면서 인생의 전환점을 맞이했습니다.

남부럽지 않은 어린 시절을 보냈지만, 상인 집안에서 태어났기에 귀족이 될 수 없었던 프란치스코는 신분 상승의 유일한 방법이던 전공戰功을 세워 기사가 되기 위해 1202년 대對 페루자 전쟁에 참전하였으나 패배하여, 포로로 잡히고 말았습니다. 지하 감옥에서 보낸 1년은 그가 인생에서 처음 맞이한 시련이었을 것입니다. 그 시간은 고통과 죽음이라는 인간의 참담하고 나약한 모습을 직접 체험하는 시간이기도 했습니다.

아버지의 보석금으로 집으로 돌아온 프란치스코는 전쟁에서 얻은 상처와 후유증을 치유하며 자신의 삶을 되돌아보는 시간을 가졌습니다. 이후 십자군에 참전하기 위해 아시시 인근의 스폴레토Spoleto로 가던 중 처음으로 주님의 음성을 듣는 꿈을 꾸었습니다.

노을 지는 성 프란치스코 대성당 정면과 성 프란치스코 청동 기마상.

프란치스코는 무기가 가득한 건물을 보았고, 이 모든 것이 기사들을 위한 것이라는 음성을 하늘로부터 들었습니다. 음성은 주인과 종 중에 누가 프란치스코에게 더 많은 것을 줄 수 있는지 물으며, 왜 진정한 주인을 섬기지 않느냐고 꾸짖었습니다.

꿈에서 깨어난 프란치스코는 아시시로 돌아가 회개의 삶을 살고자 했으나, 정확한 삶의 방향을 잡지 못한 상태였습니다. 그리고 1206년 아시시성 밖의 허물어져 가던 성 다미아노 성당의 십자고상 앞에서 두 번째로 주님의 음성을 들었습니다. "가서 허물어져 가는 나의 교회를 고쳐 세워라." 프란치스코는 이 음성을 그대로 해석해 반쯤 허물어진 성 다미아노 성당의 수리를 시작했습니다. 하지만 주님의 이 말씀이 작게는 프란치스코 자신의 회개, 넓게는 교회의 회개를 의미함을 알아듣기까지는 오래 걸리지 않았습니다.

그 첫 회개의 행동으로 프란치스코는 가난한 동네 사람들에게 아버지의 포목과 돈을 나누어 주었고, 프란치스코를 설득할 수 없음을 안 그의 아버지는 아시시의 사법권을 갖고 있던 귀도 주교에게 아들을 고발했습니다. 법정에 선 프란치스코는 "하늘에 계신 하느님만 아버지라고 부르겠습니다."라고 말하며 아버지에게 받을 상속권을 포기함과 함께 자신의 속옷까지 벗어 주었습니다. 그러고는 세상의 인연을 끊고 오로지 예수님만을 따르고자 아시시성 밖으로 나갔습니다.

천사들의 성모 마리아 대성당 안에 있는 포르치운콜라 소성당.

프란치스코와 그를 따른 친구이자 형제들은 리보 토르토Rivo Torto를 거쳐 포르치운콜라Porziuncola에 있는 성 베네딕토 수도원 소유의 조그만 경당을 거처로 삼았습니다. 전적인 무소유를 원했던 프란치스코는 경당의 사용료로 1년간 물고기 한 바구니를 내기로 했습니다. 1209년 마티아 사도 축일에 들은 복음 말씀은 프란치스코의 수도 생활 전체를 관통하는 말씀이 되었습니다.

> 하느님의 나라를 선포하고 병자들을 고쳐 주라고 보내시며, 그들에게 이르셨다. "길을 떠날 때에 아무것도 가져가지 마라. 지팡이도 여행 보따리도 빵도 돈도 여벌 옷도 지니지 마라."(루카 9,2-3).

이전 수도회들이 성 베네딕토 규칙을 기준으로 다양한 수도 생활에 맞게 조금씩 변형된 수도회를 만들었다면, 프란치스코는 하느님의 특별한 두 번의 부르심(꿈)과 신약 성경 속 예수님의 삶을 규칙의 기준으로 삼았습니다. 이는 수도회의 설립자로서는 특별한 모습입니다. 그의 스승은 예수님이셨고, 스승의 삶을 닮으려 충실히 살았던 이가 바로 성 프란치스코였습니다. 이런 연유로 그에게는 '제2의 그리스도'라는 호칭이 생겼습니다.

작은 형제회의 탄생

예수님께서 사도들에게 세상 끝까지 가서 복음을 전하라고 하신 사명을 프란치스코도 받아들였습니다. 그는 형제들을 세상 곳곳으로 파견하기 시작했습니다. 그러나 복음을 선포하기 위한 설교는 성직자 고유의 권한이었기에, 사제가 없었던 초기 프란치스코의 형제들이 이단으로 몰릴 위험이 있었습니다. 당시 프란치스코만 엄격한 금욕주의와 가난을 이야기한 것은 아니었습니다. 많은 이들이 교회의 풍요와 교황에게 집중된 권력의 폐단을 비판했고, 이단으로 몰려 죽임을 당하기도 했습니다.

프란치스코는 1210년 인노첸시오 3세 교황을 찾아가 복음에 따른 생활 양식으로 수도회 인준을 받고자 했습니다. 그는 우여곡절 끝에 로마 라테라노 대성당에서 교황을 접견하였지만, 너무 이상적이라는 이유로 인준을 받지 못하고 성당 밖으로 쫓겨났습니다. 하지만 교황은 꿈에서 모든 교회의 어머니이자 머리인 라테라노 대성당이 기울어져 갈 때 거지 프란치스코가 달려와 자신의 어깨로 부서진 기둥을 떠받치는 모습을 보았습니다. 꿈에서 깬 교황은 프란치스코의 수도회를 구두로 인준해 주었습니다. 이는 수도회 역사상 전무했던 일로, 기존 성 베네딕토나 성 아우구스티노 규칙에 기반을 두지 않은 새로운 규칙의 수도회가 탄생한 것입니다. 이렇게 설교 권한을 받은 프란치스코 수도회는 하느님의 일을 하면서 사람들에게 빌어 얻어먹을 수 있는 권리도 받았습니다. 탁발 수도회라는 새로운 형태의 수도회의 등장이었습니다. 1223년, 프란치스코는 호노리오 3세 교황에게 수도회의 정식 인준을 받았습니다. '프란치스코의 작은 형제회Ordo Fratrum Minorum'라는 이름을 가진 프란치스코회가 설립된 것입니다.

1210년 인노첸시오 3세 교황에게 구두 인준을 받은 후 프란치스칸이라 불리는 작은 형제회 수도자가 늘어났습니다. 형제애를 중시했던 프란치스코회는 13세기 강성했던 시토회나 카르투시오회처럼 수도자의 역할을 기도와 노동으로 나누지 않았고, 모두 같은 역할을 하는 평등한 관계였기에 수도회 인준 전까지는 사제 없이 평수도자들만 있었고, 프란치스코 또한 사제품을 거절하고 부제품만 받은 상태였습니다.

복음에 따라 하느님과 사람을 만나는 좋은 곳으로

하지만 복음 전파에는 학식 있는 사람들이 반드시 필요했기에 1213년부터 사제 수도자의 수가 늘기 시작했습니다. 이들이 설교를 준비하기 위해 신학에 대한 체계적인 공부가 필요했고, 이를 위해 유럽 최초의 대학이 설립된 볼로냐에 수도원을 지었습니다.

하지만 프란치스코는 수도원 건물을 지칭하는 콘벤토Convento라는 단어를 싫어했습니다. 건물을 지으려면 땅이 필요하고, 거기에 묶여 활동에 제약을 받기 때문이었습니다. 프란치스코에게 이는 성 베네딕토회의 수도원주의로 돌아가는 것과 마찬가지였습니다. 프란치스코는 장소라는 의미의 '루오고Luogo'라는 단어를 좋아했습니다. 프란치스코에게 아무것도 없는 장소는 단순함이자 가난함이었습니다. 이는 하느님주의, 사람주의이며 복음주의였습니다.

사람은 하느님을 만나기 좋은 장소로 미련 없이 이동할 수 있어야 합니다. 고인 물이 썩는 것처럼 수도자도 한곳에 정착하고 소유하기 시작하면 복음 본연의 정신보다 세속의 것에 신경을 쓸 수밖에 없습니다. 그래서 프란치스코는 수도원이라는 건물이 아니라 자연 동굴이나 초막을 친 임시 은수처에 주로 머물렀습니다.

프란치스코에게 장소는 형제들과 머무는 곳과 기도하는 곳 두 종류가 있었습니다. 주로 도시 밖 가장자리에 둔 머무는 장소에서는 가난하고 병든 이들과 함께 살며 도시민들에게 구걸을 하고 사람들에게 설교를 했습니다. 기도하는 장소는 사람들과 떨어져 기도와 묵상 그리고 참회할 수 있는 산속이나 섬, 절벽, 사막 같은 곳을 선택했습니다.

하지만 프란치스코 생전에도 이미 수천 명의 회원이 있던 수도회 안에서 규칙이 너무 금욕적이고 개인과 공동체의 절대적 가난이 지키기 힘들며 설교를 위한 선교에도 맞지 않는다며 기존의 수도원주의와 금욕주의의 중간을 취하려는 사람들이 생겨났습니다.

성 프란치스코회 수도 규칙서를 완성한 폰테 콜롬보 수도원.

결국 총봉사직을 사임한 프란치스코는 1223년 폰테 콜롬보에서 회칙을 수정해 호노리오 3세 교황의 인준을 받았습니다. 1224년에는 해발 1,200미터의 라 베르나산에 올라 성 미카엘 대축일을 준비하는 동안 세라핌 천사를 통해 예수님의 오상을 받는 기적을 체험했습니다. 예수님의 제자들이 예수님의 십자가 죽음을 이해하기 어려워했듯이 프란치스코의 형제들도 예수님을 향한 프란치스코의 삶이 불가능하다고 이야기했습니다. 그러던 중 그가 올라간 라 베르나산은 그에게 예수님의 골고타 언덕이었고, 오상은 그의 삶을 칭찬하는 예수님의 도장이자 예수님과의 완전한 일치를 이루는 큰 기쁨이었습니다.

지혜는 하늘에서 오는 것이라, 하느님께서 보여 주시지 않으면 볼 수 없는 신비의 영역입니다. 오상으로 예수님의 십자가 신비에 완전히 동참한 프란치스코가 바라본 세상은 바로 하느님께서 보시는 세상이었기에 그에게 세상 모든 피조물은 하느님 사랑의 결과인 형제자매와 같았습니다. 그가 선종 1년 전에 만든 「피조물의 찬가(태양의 찬가)」는 하느님을 온전히 찬미하며 하느님의 현존을 증언한 기도였습니다. 그래서 프란치스코는 죽음을 두려움이 아닌 자매Sorella라 불렀고, 1226년 10월 3일 그 자매와 함께 천상에 올라 하늘 나라에서 태어났습니다.

프란치스칸 가족들

프란치스코회는 기존의 수도 규칙이 아닌 고유의 회칙으로 설립되었기에 프란치스코 생전에도 회칙과 생활 양식에 대한 이견들로 인해 두 개의 파로 나뉘었습니다. 하나는 프란치스코가 1210년 인노첸시오 3세 교황에게 구두로 인준을 받은 엄격한 회칙을 따르며 프란치스코의 가난과 금욕주의의 은수자적 영성을 따르려는 스피리투알리Spirituali였고, 다른 하나는 1223년 호노리오 3세 교황에게 문서로 인증받은 완화된 회칙을 따라 가난한 이들의 마음을 치유하고 설교로 복음을 전파하는 사도적 실천을 위해 도시 안에 수도원을 세워 지낸 콘벤투알리Conventuali였습니다.

7대 총장이던 성 보나벤투라의 선종 후 수도회 내부의 갈등이 깊어져 프라티첼리Fraticelli라 불리는 이단이 갈라져 나와 교회의 파문을 받기도 했습니다. 결국 프란치스코회는 1517년[5] 레오 10세 교황에 의해 콘벤투알리 작은 형제회와 개혁 정신을 지닌 오세르반티 작은 형제회로 나뉘어 각 회에서 총장을 세우기 시작했고, 10년 후인 1528년에는 오세르반티 작은 형제회에서 더 엄격한 생활을 염원했던 수도자들이 카말돌리 수도자들처럼 큰 두건을 써서 이름 붙인 카푸치니Cappuccini 수도회로 갈라져 나와 클레멘스 7세 교황의 인준을 받았습니다.

오늘날 작은 형제회는 오세르반티 작은 형제회 안의 여러 분파

(오세르반티, 리포르마티, 레콜레티, 스칼치)를 합쳐 레오 13세 교황 시기에 '작은 형제회O.F.M'라는 이름으로 통합된 것입니다. 여기에 콘벤투알 프란치스코 수도회O.F.M. Conv.와 카푸친 작은 형제회O.F.M Cap.까지 세 개의 남자 수도회를 프란치스코 1회, 여자 수도회인 성 클라라 수도회를 2회, 재속프란치스코회를 비롯해 프란치스코 정신을 따르는 가족 수도회를 3회라 지칭합니다.

아시시의 성 프란치스코 대성당

지옥의 언덕이 천국의 언덕으로

성 프란치스코 선종 후, 성인의 유해를 안전하게 보존하고, 성인을 찾아온 신자들에게 기도할 공간을 제공하기 위한 성당의 건축이 시작됐습니다. 엘리아 수사의 감독하에 공사가 진행된 이 성당은 수도회만을 위한 성당이 아닌, 모든 이들을 위한 성당이자 성인을 기억하기 위해 봉헌된 영묘靈廟라고 할 수 있습니다.

성당이 세워진 자리는 원래 죄수들을 처형하던 곳이었습니다. 중세 아시시성 서쪽으로 500미터 떨어진 언덕의 끝에 있는 이곳은 절벽으로 이어져 있었고, 사람들은 이 자리를 '지옥의 언덕'이라 불렀습니다. 성인은 생전에 이미 이 자리에 자신을 묻어 달라고 형제들에게 뜻을 밝혔습니다. 당시 수도회에서 죄수들을 죽였던 형장에 수도자를, 심지어 설립자를 묻는 것은 생각조차 할 수 없던 일이었습니다. 하지만 한곳에 머물고자 하지 않았던 성 프란치스코의 성격과, '제2의 그리스도'라고 불린 삶을 살았던 그라면 죽은 후에도 예수님을 닮고자 했을 것이기에 충분히 가능한 이야기라고 생각합니다. 예수님께서 부활하시고 처음으로 찾으신 곳이 죽은 자들이 있었다는 저승이었고, 그곳에서 첫 번째 인간인 아담과 하와를 죽음의 세계에서 하늘 나라로 끌어올리셨기 때문입니다. 마찬가지로 성 프란치스코도 죽음으로 저승에 떨어진 모든 이들을

아시시 전경.

좌 아시시로 들어가는 14세기 성 프란치스코 성문.
우 성 프란치스코 대성당을 보호하기 위해 만들어진 성 프란치스코 광장 앞 성문.

천국으로 데려가고 싶었을 것입니다. 큰 죄를 짓고 비참하게 생을 마감한 이까지도 말입니다. 이 지옥의 언덕은 성 프란치스코가 묻힘으로써 '천국의 언덕'으로 불렸습니다.

1226년 포르치운콜라에서 선종한 성 프란치스코의 유해는 아시시 동쪽 성 밖의 성 조르조 성당[6]에 안치되었습니다. 시성 다음 날인 1228년 7월 17일 그레고리오 9세 교황은 이 천국의 언덕에 성당의 초석을 축성했고, 1230년 5월 1층 성당이 완성되자 5월 25일 성인의 유해를 대성당 중앙 제대 아래의 크립타(지하 무덤 성당)로 옮겼습니다. 1236년 성당의 지붕이 완성됐고, 1239년에는 종탑이 만들어졌습니다. 1253년 인노첸시오 4세 교황의 주례로 성당이 축성되면서 대성당은 완공되었습니다.

성인의 유해가 안치된 크립타와 지상 2층의 구조로 이루어진 성 프란치스코 대성당은 프랑스나 독일과는 다른 영성을 보여 주는 이탈리아 초기 고딕 양식 건축물입니다. 프랑스나 독일의 고딕 양식이 외형에 치중해 높은 첨탑과 넓은 스테인드글라스로 승천과 빛으로 오시는 예수 그리스도를 신비롭게 표현했다면, 내형에 집중한 성 프란치스코 대성당은 그 웅장함에 있어서도 고딕의 복잡함보다 로마네스크의 단순함을 더 따르는 모습입니다. 성당의 외형은 가난한 사람, 즉 프란치스코의 겉모습을 보여 줍니다. 한편 내부에는 하느님과 프란치스코의 이야기를 프레스코화로 표현해 인간 내면에 있는 영혼과 하느님의 영성을 더욱 강조했습니다. 그래서 천장이 낮고 빛이 적게 드는 1층 성당은 죽음을 강조하고, 높은 천장과 사방에서 빛이 드는 2층 성당은 부활을 의미합니다.

성 프란치스코 대성당과 광장.

성 프란치스코 대성당과 시토회 성당의 차이

성 프란치스코회 성당을 쉽게 이해하기 위해서는 시토회 성당과 비교해 보는 것이 좋습니다. 두 수도회 모두 100퍼센트 고딕 양식이 아닌 로마네스크와 혼합된 양식을 따랐으며, 웅장하지만 장식을 절제한 외부 또한 서로 비슷합니다. 그러나 성당 내부는 극명한 차이가 드러납니다.

시토회는 수도자들의 마음이 온전히 하느님께 향하도록 성당 내부에 장식이나 그림을 그리지 않았고, 마치 수학 공식처럼 완벽한 비율을 지켜 성당을 건축했습니다. 수도자가 이용하는 성당이었기에 일반인을 교육하기 위한 성경이나 성인 이야기의 프레스코화는 필요치 않았습니다. 시토회의 성당은 2열의 기둥을 두어 공간을 셋으로 구분한 3랑식 구조였습니다.

그러나 성 프란치스코 대성당 내부는 기둥 없이 하나의 공간으로 이루어져 기도하는 장소면서도 많은 사람들에게 설교하기에 최적화된 장소입니다. 기둥이 있으면 사제와 신자들 사이를 가리고, 소통도 어려웠기 때문입니다. 신자들에게 성 프란치스코 대성당은 성인과 함께 기도하는 장소이자 성인과 예수님의 이야기를 보고 듣는 학교였습니다. 그래서 대성당의 벽과 천장은 그림으로 가득합니다. 성당 내부를 둘러보는 것이 마치 성경을 읽는 듯한 느낌마저 줍니다. 이것은 예수님께서 제자들을 파견해 복음을 선포하신 것처럼, 성 프란치스코의 삶으로 예수님 이야기를 설교하려 했던 성 프란치스코회의 카리스마와도 잘 맞아떨어집니다. 800년 전에는 성인이 많은 사람들을 만나기 위해 세상 곳곳으로 찾아갔지만, 지금은 세상 곳곳의 사람들이 성인을 만나 그의 이야기를 듣기 위해 아시시로 모여드는 기적이 매일, 이곳에서 일어나고 있습니다.

크립타

성당 중앙의 계단으로 내려가면 크립타로 갈 수 있습니다. 성인의 유해를 모시기 위해 대성당 구조물 중 무덤이 가장 먼저 만들어졌지만, 크립타는 가장 마지막에 만들어졌습니다. 중세 시기 성인

크립타. 제대 위 철 격자와 돌기둥으로 둘러싸인 내부에 프란치스코 성인의 석관이 모셔져 있다.

의 무덤이나 유해 가까이에서 기도하려 했던 순례자들에게서 성인의 유해를 지키는 것은 매우 중요한 일이었기에, 1230년 성인의 유해가 이곳에 안치되자마자 비밀리에 중앙 제대 아래에 유해를 매장해 누구도 손댈 수 없게 했습니다. 그래서 15세기에는 성인의 유해 존재 여부에 의구심을 갖는 이들도 있었습니다. 그러다 1818년 철 격자로 보호된 석관을 발굴했고, 1820년 비오 7세 교황이 매장 이후 처음으로 성인의 유해를 확인했습니다.

1824년 건축가 파스칼 벨리가 크립타를 신고전주의 양식으로 개축했으나 대성당과 어울리지 않아 1925-1932년 우고 타르키가 현재의 모습으로 다시 만들었습니다. 성인의 무덤 주위에는 초창기 동료들인 안젤로, 맛세오, 레오 그리고 루피노의 유해를 안치했습니다. 무덤의 맞은편, 위층 성당에서 내려오는 계단이 만나는 지점에는 성인이 '야고바 형제'라고 불렀던 세테솔리의 야고바 부인의 유해가 보관된 철제함이 있습니다. 1층 성당 중앙의 좌측, 성 프란치스코의 수의를 들고 있는 야고바 부인의 프레스코화 근처에 있었던 부인의 유해는 1932년에 이곳으로 옮겨졌습니다. 그는 성인과 가까이에 안치된 유일한 여성이기도 합니다.

1978년 바오로 6세 교황은 성 프란치스코의 시신의 확인 작업을 인준했고, 성인의 유해가 세상에 공개됩니다. 성인의 유해는 특

좌 야고바 부인의 프레스코화. | 우 1239년 선종한 세테솔리의 야고바 부인의 유골함.

수 처리된 플래시 글라스에 담아 원래의 석관에 안치했습니다.

아래층 성당

아래층 성당의 문은 앞쪽 측면에 있습니다. 아래층 성당이 성 프란치스코의 유해를 보호하고 도굴을 방지하는 성인의 무덤 역할을 했기 때문이고, 지형적으로도 절벽으로 떨어지는 언덕에 성당을 세웠기 때문에 아래층 정면은 자연스럽게 땅속에 위치합니다. 그러나 1271년 이전에 완성된 웅장한 고딕 양식의 문은 대성당의 입구로도 전혀 손색이 없습니다. 고딕 아치를 가진 두 개의 문과 이 문을 둘러싼 또 하나의 큰 아치는 두 개의 문을 세 개로 보이게 해 삼위일체이신 하느님을 상징적으로 표현합니다. 또한 성당 문 위에 장미창을 두어 아래층 성당도 위층 성당과 같은 독립된 장소임을 선언합니다. 장미창 양옆에는 작은 창 두 개를 두어 문처럼 3이라는 상징 숫자를 드러냅니다. 장미창과 문의 두 아치가 만나는 곳에 생긴 역삼각형 공간에는 이 문을 들어오는 모든 이를 축복하는 성 프란치스코의 모자이크가 있습니다.

 최초 아래층 성당이 세워졌을 때는 좌우 소성당 없이 하나의 중앙 회랑만 있었을 것입니다. 벽의 그림들이 손상된 것으로 볼 때, 벽을 부수고 증축한 것으로 보입니다. 고위 성직자나 귀족들의 봉헌으로 세워진 소성당들에는 당대 최고 화가들을 불러 내부의 프레스코화를 그렸습니다. 소성당은 우측에 세 곳, 좌측에 두 곳을 두었으며, 이 중 1313-1318년 시모네 마르티니Simone Martini의 그

좌 아래층 성당 입구. | 우 아래층 성당 내부.

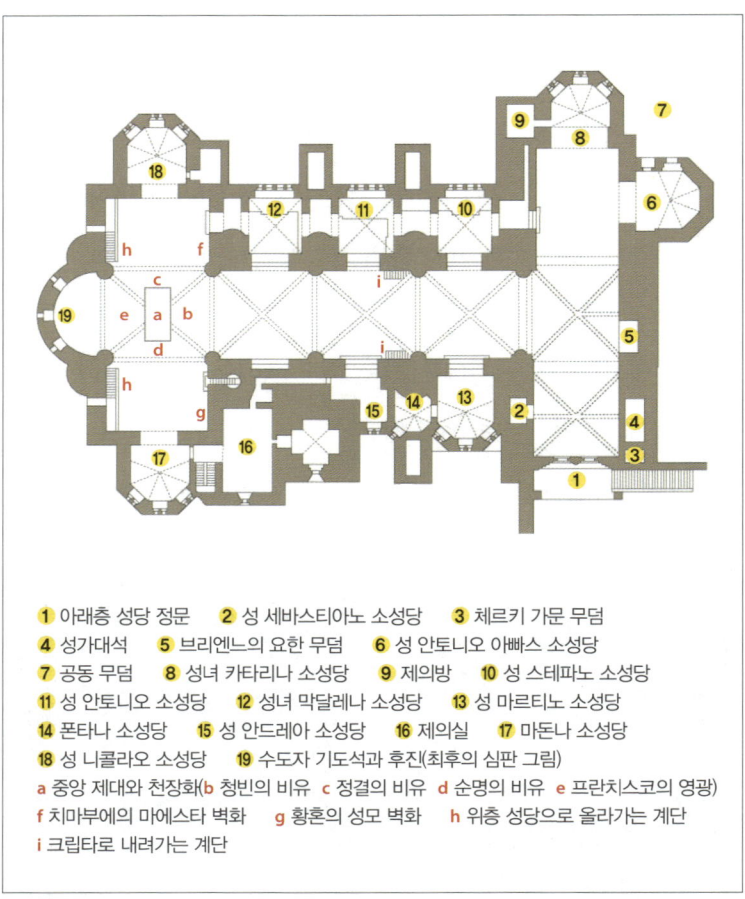

1 아래층 성당 정문 2 성 세바스티아노 소성당 3 체르키 가문 무덤
4 성가대석 5 브리엔느의 요한 무덤 6 성 안토니오 아빠스 소성당
7 공동 무덤 8 성녀 카타리나 소성당 9 제의방 10 성 스테파노 소성당
11 성 안토니오 소성당 12 성녀 막달레나 소성당 13 성 마르티노 소성당
14 폰타나 소성당 15 성 안드레아 소성당 16 제의실 17 마돈나 소성당
18 성 니콜라오 소성당 19 수도자 기도석과 후진(최후의 심판 그림)
a 중앙 제대와 천장화 b 청빈의 비유 c 정결의 비유 d 순명의 비유 e 프란치스코의 영광
f 치마부에의 마에스타 벽화   g 황혼의 성모 벽화   h 위층 성당으로 올라가는 계단
i 크립타로 내려가는 계단

아래층 성당 평면도.

성 마르티노 소성당, 시모네 마르티니가 그린 성인들의 모습.

림이 있는 투르의 성 마르티노 소성당이 가장 유명합니다.

 성당 내부에는 불빛이 없기에, 옆의 소성당이 없었다면 카타콤베나 무덤 속처럼 무척 어두웠을 것입니다. 그리스도인들에게 어둠은 빛이 없음이 아닌 빛의 부족이기에, 무덤은 죽음이 아니라 온전한 빛으로 가기 위한 쉼의 장소였습니다. 크립타가 만들어지기 전까지 이곳은 성 프란치스코의 유해에 가장 가까이 갈 수 있는 곳이었고, 성인이 부활을 기다리며 쉬는 장소였습니다. 순례자들도 이곳에서 위층 성당에 올라가기 전 부활을 준비하는 예행연습을 할 수 있습니다.

타우의 축복

시토회 성당의 평면이 라틴 십자가 모양이라면, 이 성당의 평면은 프란치스코의 십자가로 불리는 타우Tau 형태, 즉 알파벳 T 모양입니다. 타우 십자가는 성인이 만든 것은 아니지만, 프란치스코에게 하느님의 방패였으며 구원의 표시였습니다.

폰테 콜롬보 수도원 막달레나 소성당 벽에 프란치스코 성인이 직접 썼다는 타우.

이 표시는 구약 성경에 처음 등장합니다. 직접적으로 언급되지는 않았지만 탈출기 12장의 파스카 축제 이야기에서, 이스라엘 사람들이 문설주와 상인방에 피를 바른 문은 히브리어 알파벳 타우ת와 닮았습니다. 이는 이집트로부터의 해방을 의미했습니다.

> "너희는 그것을 이달 열나흗날까지 두었다가, 이스라엘의 온 공동체가 모여 저녁 어스름에 잡아라. 그리고 그 피는 받아서, 짐승을 먹을 집의 두 문설주와 상인방에 발라라. 너희가 있는 집에 발린 피는 너희를 위한 표지가 될 것이다. 내가 이집트를 칠 때, 그 피를 보고 너희만은 거르고 지나가겠다. 그러면 어떤 재앙도 너희를 멸망시키지 않을 것이다."(탈출 12,6-7.13).

에제키엘서에도 예루살렘을 벌할 때 의인을 구하는 표시로 타우가 직접 언급됩니다.

"너는 저 도성 가운데로, 예루살렘 가운데로 돌아다니면서, 그 안에서 저질러지는 그 모든 역겨운 짓 때문에 탄식하고 괴로워하는 사람들의 이마에 표를 해 놓아라. … 너희는 저 사람의 뒤를 따라 도성을 돌아다니며 쳐 죽여라. 동정하지도 말고 불쌍히 여기지도 마라. … 그러나 이마에 표가 있는 사람은 아무도 건드리지 마라."(에제 9,4-6).

신약 성경의 요한 묵시록에도 구원받을 이들의 이마에 이 문장을 표시로 찍는다고 나옵니다.

나는 또 다른 한 천사가 살아 계신 하느님의 인장을 가지고 해 돋는 쪽에서 올라오는 것을 보았습니다. 그가 땅과 바다를 해칠 권한을 받은 네 천사에게 큰 소리로 외쳤습니다. "우리가 우리 하느님의 종들의 이마에 인장을 찍을 때까지 땅도 바다도 나무도 해치지 마라."(묵시 7,2-3).

히브리어 알파벳의 마지막 글자인 타우는 세상 마지막 날을 상징하는 예언의 표시입니다. 요한 묵시록에 쓰인 그리스어 알파벳의 마지막 글자인 오메가Ω 역시 같은 의미입니다.

> "나는 알파이며 오메가이고 시작이며 마침이다. 나는 목마른 사람에게 생명의 샘에서 솟는 물을 거저 주겠다."(묵시 21,6).

성경이 라틴어로 번역되면서 타우는 알파벳 T로 사용되었고, 예수님께서 못 박히신 십자가 모양과도 닮아 그리스도인들에게 구원의 표시로 확실히 각인되었습니다.

성 프란치스코가 타우를 처음 접한 것은 아마도 1215년, 인노첸시오 3세 교황이 에제키엘서의 타우 표식을 인용하며 자신도 모든 교회를 위해 가난의 옷을 입고, 모든 이들의 이마에 주님의 인장을 찍어 주길 바란다고 말한 제4차 라테라노 공의회의 개회식에서였을 것입니다. 자신의 수명이 얼마 남지 않았음을 안 교황은 이 그리스도인의 의무와 도전에 모든 이들을 초대했습니다. 이 설교는 군중 사이에 있던 프란치스코의 마음에 강한 부르심으로 와닿았습니다.

이때부터 프란치스코는 더욱 열정적으로 참회와 회개의 설교를 했고, 그 표시로 자신에게 다가오는 모든 이들에게 타우의 축복을 해 주었습니다. 그는 이 표시를 서명처럼 편지와 자신이 머물던 건물(폰테 콜롬보)에도 새겼습니다. 프란치스코에게 타우는 참회와 십자가를 통한 구원이었고, 그리스도의 삶과 승리의 표시였습니다. 그에게 타우 십자가는 무엇보다 특별했습니다. 예수님의 십자가처럼 타우는 제2의 그리스도라 불리는 프란치스코의 십자가라는 별칭이 생겼습니다. 평면도가 타우 십자가 모양인 이 성당으로 들어가는 순간, 모든 악을 이기신 예수 그리스도의 보호를 받으며 확실한 구원으로 초대받는 구체적인 표징을 온몸으로 받게 되는 것입니다.

황혼의 성모님

중앙 제대 좌측에는 몬테시에피 은수처에 그림을 그린 암브로시오 로렌체티의 형 피에트로 로렌체티Pietro Lorenzetti가 1310년에서 1319년 사이에 그린 「황혼의 성모Madonna dei Tramonti」라는 프레스코화가 있습니다. 황금색 바탕 위에 그림이 그려져 해 질 녘 창문으로 들어오는 노을을 받으면 눈이 부시도록 아름다워지기에 붙여진 이름입니다. 로렌체티 형제의 작품에서는 표정보다는 손짓으로 대화를 이끌어 메시지를 전하려는 의도가 느껴집니다. 이 작품도 그림 속에서 한 편의 이야기가 전해집니다.

그림의 중앙에는 성모님과 아기 예수님이 계시고, 정면에서 봤을 때 성모님의 좌측에는 오상을 받은 성 프란치스코, 우측에는 요

피에트로 로렌체티가 그린 황혼의 성모.

한 사도가 서 있습니다. 보통 성모자의 그림은 성모님께서 정면을 바라보시며 아기 예수님을 우리에게 소개해 주시지만, 이 그림의 성모자는 서로를 바라보며 대화를 나누십니다. 아기 예수님께서는 비밀 이야기라도 하듯 성모님 가까이에 얼굴을 대고 계시고, 성모님은 손가락으로 프란치스코를 가리키고 계십니다. 아마도 예수님을 닮은 삶을 살았던 성 프란치스코에 관한 말씀을 나누시는 듯합니다. 그리고 군사들이 십자가에 못 박히신 예수님의 옆구리를 창으로 찌르는 장면을 전했던 복음사가 요한 사도가 한 손에 복음서를 들고 마치 증인처럼 그 장면을 바라보고 있습니다. 프란치스코가 얼마나 성모님께 의탁했으며, 또한 프란치스코가 성모님과 예수님께 얼마나 사랑받았는지를 보여 주는 작품입니다.

치마부에의 마에스타

중앙 제대 우측에는 조토의 스승 치마부에의 그림 「마에스타 Maestà」가 있습니다. '장엄함, 폐하, 스승'이라는 의미의 마에스타는 성모님과 아기 예수님께서 옥좌에 함께 앉아 계신 모습에 붙인 이름입니다. 13세기 중반부터 14세기 사이에 제단화나 프레스코화의 주제로 유행하던 이 주제와는 반대로 14세기부터는 땅이나 방석에 아기 예수님을 안고 앉아 계신 '겸손하신 성모님Madonna dell'Umiltà' 그림이 등장했습니다. 만약 14세기에 이곳에 다른 화가가 성모자를 주제로 그림을 그렸다면, 가난하고 겸손한 교회를 상징하는 '겸손하신 성모님'을 그렸을 것이며, 그 그림이 성 프란치스코 대성당에 더 어울렸을 것 같다는 생각을 해 봅니다.

1285-1288년 사이의 작품인 마에스타는 마지막 비잔틴 양식 그림이라고도 할 수 있습니다. 치마부에의 제자인 조토부터 천상의 그림이 지상으로 내려오기 시작했기 때문입니다. 하지만 치마부에의 마에스타도 형식은 비잔틴 양식을 따랐지만 얼굴이나 모습은 실재하는 사람과 같았습니다. 성모님은 모든 곳을 바라보시기에 눈의 초점을 잡지 않는 비잔틴 양식을 따르면서도 따스하고 은근한 미소를 머금은 모습으로 표현했습니다. 성모님은 두 발을 가지런히 모으지 않고, 아기 예수님을 무릎 위에 잘 놓기 위해 한 발을 계단 아래로 내리셨습니다. 몸은 정면을 바라보는 경직된 비잔

틴 양식이 아니라 살짝 틀어져 고개가 기울어진 자연스러운 모습입니다. 오른손으로는 아기 예수님의 발바닥을 간질이듯 받치고 계십니다. 신성이 가득하다기보다는 아시시 마을에서 볼 수 있을 듯한 곱슬머리인 아기 예수님의 얼굴이 옆에 서 있는 프란치스코의 어릴 적 모습은 아닐까 하는 생각도 듭니다. 성모자 주위의 네 천사들의 얼굴은 서로 다른 방향으로 기울어져 정적이면서도 동시에 동적인 이미지를 줍니다.

치마부에가 그린 이 프레스코화에 그려진 성 프란치스코의 모습은 프란치스코와 가장 닮은 그림일 것입니다. 이 작품은 성인 사후 약 60년 후에 그려졌기에, 생전의 프란치스코를 기억하는 사람들이 있었을 것입니다. 그래서 치마부에가 그린 성인의 얼굴을 보면

좌 치마부에의 '마에스타'(옥좌의 성모). | 우 프라 안젤리코(1395-1455년)의 겸손하신 성모.

좌/우 성 프란치스코 초기 다섯 형제의 유해 발굴 장면.

상상이 아닌 현실 속 성 프란치스코가 곁에 있는 듯합니다. 그림 속 성 프란치스코는 맨발로 가난을, 두 손에 꼭 쥔 자신이 직접 만든 회칙으로 예수님을 따르려는 이들에게 길을, 선종 2년 전인 1224년 라 베르나산에서 받은 오상의 상처로 예수님의 고통까지도 온전히 일치했던 삶을 겸손한 눈으로 보여 주고자 하는 듯합니다.

치마부에의 마에스타 아래에는 성인과 함께 수도 생활을 시작한 초기 형제들 중 다섯 명이 마에스타를 바라보며 기도하는 그림이 있고, 그 아래 벽 속에는 그들의 유해가 안치되어 있습니다.

프란치스코의 영광

예수님의 무덤을 덮고 있는 바위처럼 성 프란치스코 무덤 위의 중앙 제대 또한 가로 3.8미터, 세로 1.8미터의 단일한 대리석입니다. 제대에는 크립타가 만들어지기 전, 제대 아래 성인의 석관을 볼 수 있던 사각형 구멍이 있고, 제대 위에는 마치 배의 삼각돛처

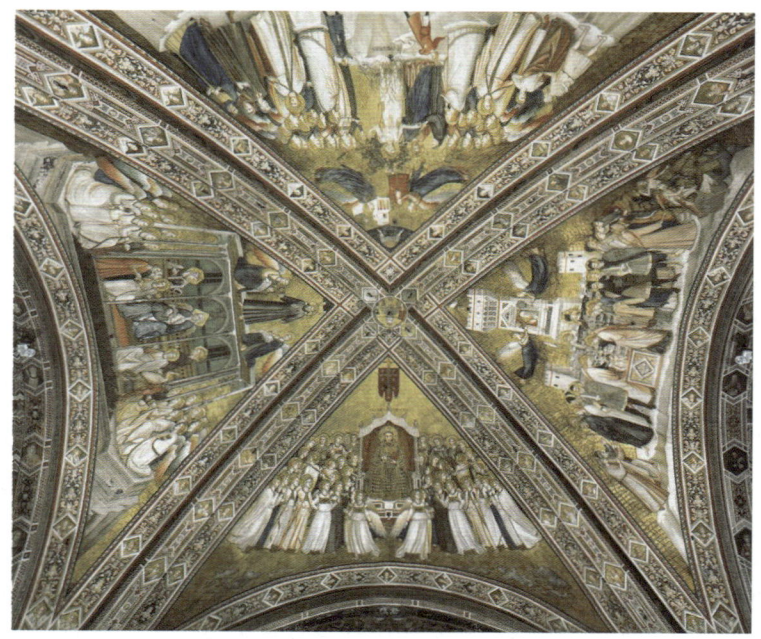

중앙 제대 위에 있는 가난, 순명, 청결, 영광의 천장화.

럼 생겨 '벨라Vela'라고 불리는 네 장의 천장화가 펼쳐져 있습니다. '미술사의 아버지'로 불린 조르조 바사리(Giorgio Vasari, 1511-1574년)는 이 네 장의 프레스코화를 조토의 그림이라 기록했지만, 오늘날에는 익명의 화가의 작품으로 보며, 그 화가를 '벨레의 명인Maestro di Vele'이라 부르고 있습니다.

그림은 성 프란치스코가 말한 수도 생활의 복음 삼덕인 청빈(상), 정결(좌), 순명(우)을 의인화한 장면과 이 셋을 삶으로 완벽하게 보여 준 성인이 천사들에게 둘러싸여 천상 고귀한 자리에 앉은 모습 ⒣을 보여 줍니다. 성인이 앉은 의자 위에는 라틴어로 '프란치스코의 영광'이라는 글자가 적혀 있습니다.

최후의 심판

제대 뒤편에는 1468-1471년 사이에 리파트란소네의 아폴로니오 페트로키Apollonio Petrocchi와 여러 장인들이 함께 만든 수도자들의 목제 기도석이 반타원형 건축 구조에 맞게 들어서 있습니다. 천장에는 1623년 체사레 세르메이Cesare Sermei가 그린 '최후의 심판'

목제 기도석과 최후의 심판.

프란치스코 유물 소성당을 등지고 마돈나 소성당이 있는 오른편 익랑을 향해서 보는 장면.

좌 마돈나 소성당. | **우** 성 니콜라오 소성당.

이 있습니다. 수백 년 동안 기도석에서 피운 양초의 연기에 훼손된 부분을 2009년 복원해 예전의 색을 많이 되찾았습니다. 천상에서 최후의 심판을 내리시려는 예수님 주변에 성 프란치스코회와 성 클라라회 수도자들이 보이는 것이 인상적입니다.

제대 우측 회랑(익랑)에는 조토의 공방에서 그린 예수님 탄생과 이집트로의 피신, 죄 없는 아이들의 죽음 등 예수님 공생활 이전의 이야기가, 좌측 회랑에는 예수님의 수난과 십자가에 못 박히심 등을 그린 14세기 시에나 학파의 프레스코화가 있습니다. 양쪽 회랑 끝에는 고딕 양식의 창문이 아름다운 마돈나 소성당과 성 니콜라오 소성당이 있습니다.

성 프란치스코의 유물

성 니콜라오 소성당에는 성 프란치스코의 유물이 전시되어 있습니다. 수선을 많이 했으나 여전히 상한 곳이 많은 성인의 수도복

좌 프란치스코가 입었던 수도복. | **우** 호노리오 3세 교황이 인준한 수도 회칙 원본.

은 말로만이 아닌 물질, 사회적 가난을 산 성인의 삶을 드러내 줍니다. 수도복 우측에는 1223년 9월 29일 호노리오 3세 교황이 인준한 수도 회칙 원본 문서가 있습니다. 다른 한 장은 바티칸에서 보관 중입니다.

아래 좌측 사진은 1224년 9월 라 베르나산에서 성인이 레오 형제에게 써 준 축복장 원본입니다. 하단의 문자 T는 타우 십자가를 의미합니다. 우측 사진의 성광 안에는 성 프란치스코가 오상을 받은 후 손바닥을 감싼 천이 있습니다. 중앙에 탁한 핏자국이 보입니다. 성광 아래에는 선종 당시 성인의 머리를 뉘었던 돌베개와 성인

좌 레오 형제에게 성 프란치스코가 써 준 축복장.
우 성인의 손바닥을 감쌌던 천과 돌베개, 방석.

좌 양모 신발, 옆구리에 댔던 천, 수의. | **우** 야고바 부인이 만든 자수 수건 두 장.

이 사용한 방석이 있습니다.

   위 좌측 사진에는 오상을 받은 프란치스코를 위해 클라라가 만든 양모 신발이 있습니다. 신 위의 가죽 천은 오상 중 옆구리에 댔던 것입니다. 흰색 수의는 야고바 부인이 만든 것으로 보입니다. 우측에는 야고바 부인이 만든 두 장의 자수 수건이 있습니다. 위의 수건으로 성인이 임종 전에 땀을 닦았다고 합니다. 성인에 대한 공경심이 지극했던 야고바 부인은 성인의 임종을 곁에서 지켰으며, 성인은 그를 부인이라는 호칭 대신 형제라고 불렀습니다.

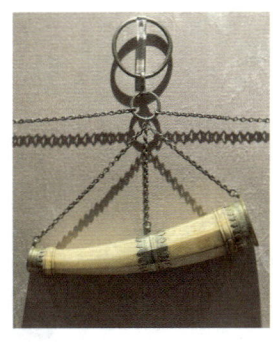
성 프란치스코가 술탄 멜렉 엘 카밀에게 받은 상아 나팔.

좌측 사진은 성 프란치스코가 이집트에서 술탄 멜렉 엘 카밀을 만났을 때 받은 상아 나팔입니다. 무슬림들이 하루에 다섯 번 기도하는 것을 부러워했던 성인은, 그들이 종으로 기도 시간을 알린 것처럼 이 상아 나팔을 불어 형제들과 신자들에게 기도 시간을 알렸을 것입니다.

위층 성당

위층 성당은 아래층 성당 제대 뒤의 계단으로 올라갈 수 있지만, 위층 성당의 정문으로도 들어갈 수 있습니다. 정문으로 들어가기 전, 아래에 펼쳐진 아시시의 풍경을 바라보는 것도 큰 기쁨입니다. 단순한 모습의 위층 성당 정면에는 고딕의 특징이자 그리스도를 상징하는 장미창과 함께 요한 묵시록 4장 7절의 네 복음사가를 상징하는 부조가 있습니다. 그 아래의 정문은 아래층 성당의 정문과 같은 형태로 만들어졌습니다. 정문 좌측에는 종탑과 축복의 발코니가 보입니다. 매년 성모 승천 대축일이면 이곳에서 마돈나 소성당에서 보관하던 성모님의 머릿수건을 신자들에게 보여 주었다고 합니다.

아래층 성당이 낮은 천장과 고딕 양식이 혼재된 로마네스크 양

위층 성 프란치스코 대성당 정면.

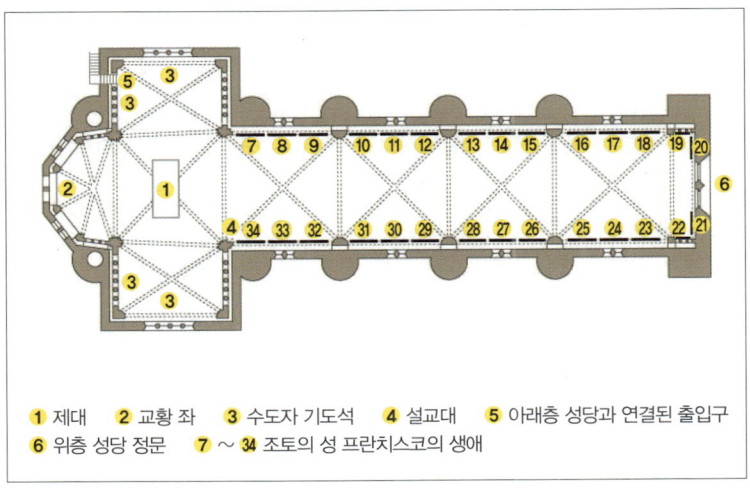

① 제대   ② 교황 좌   ③ 수도자 기도석   ④ 설교대   ⑤ 아래층 성당과 연결된 출입구
⑥ 위층 성당 정문   ⑦ ~ ㉞ 조토의 성 프란치스코의 생애

위층 성당 평면도.

식으로 무겁고 장엄한 느낌을 준다면, 위층 성당은 높은 뾰족아치와 다발 기둥, 스테인드글라스로 빛이 풍부한 전형적인 이탈리아 고딕 양식을 보여 줍니다. 아래층 성당이 세상의 삶과 죽음이라면 위층 성당은 죽음 이후 하늘 나라의 삶인 부활과 하느님의 영광이라는 서로 대비되는 두 세상을 보여 줍니다. 그러나 그 두 세상이 하나의 하느님 집, 하나의 성당에 공존하며, 삶과 죽음으로 나뉘지 않고 지속되는 하느님의 시간을 이야기합니다. 이탈리아에서 가장 오래된 위층 성당의 스테인드글라스는 독일과 프랑스, 이탈리아의 명인들이 13세기에 만든 것입니다.

천상에서 지상으로, 조토의 그림 세계

위층 성당의 가장 중요한 그림은 조토(Giotto di Bondone, 1266-1337년)가 그린 성 프란치스코의 생애 프레스코화 스물여덟 장입니다. 라벤나 인근 베스피냐뇨 태생의 조토는 당대 최고의 비잔틴 화가 중 한 명인 치마부에에게 사사하였습니다. 천상 세계를 표현하려 한 스승과 달리 현실 세계에 눈을 돌린 조토의 재능을 알려 주는 일화가 있습니다. 어느 날 조토가 스승을 놀리기 위해 식탁에 그린 파리 한 마리를 본 치마부에가 그 파리를 진짜로 알고 쫓아내려고 했다는 이야기입니다.

조토는 비잔틴 그림 양식에서 르네상스로 넘어가는 그림을 이

교황 좌를 등지고 정문 방향으로 제대와 함께 바라본 성당 내부. 좌우 벽에 조토의 성 프란치스코 생애 그림이 있다.

중앙 교황 좌와 좌우에 있는 수도자들의 기도석. 등받이에는 상감 기법으로 넣은 성인들의 모습이 들어가 있다.

탈리아에서 최초로 그렸으며, 더 나아가 르네상스 미술의 창시자라고 불립니다. 초월주의에서 자연주의, 신 중심에서 인간 중심으로 넘어갔던 그의 그림은 실제를 마주하는 느낌을 주면서 보는 이가 그림 속 인물들과 정서적으로 동질감을 느껴 그림 밖의 관찰자가 아닌, 그림 속 인물 중 한 명으로 섞여 들게 하는 마력이 있었습니다. 르네상스 3대 문학가 중 한 명인 페트라르카는 조토를 "우리 시대의 가장 위대한 예술가"라고 칭송했습니다.

조토가 그린 성 프란치스코의 생애 그림은 성 보나벤투라가

1260년경 기록한 『성 프란치스코의 대전기Legenda Maior』를 바탕으로 삼았습니다. 성인의 전기를 위층 성당 벽을 다 채울 정도로 그린 가장 큰 이유는 수도회의 화합을 위해서였습니다. 성인의 선종을 전후해 성 프란치스코회는 수도 생활 방법에 관한 이견으로 큰 혼란을 겪었습니다.[7] 성 프란치스코회 이전의 수도자들은 수도원 사각 회랑에 있는 규칙서의 방에 모여 매일 성 베네딕토 규칙서를 읽으며 설립자인 성 베네딕토의 정신을 지키려 했습니다. 마찬가지로 프란치스칸이라는 이름으로 모인 형제들에게 그리스도의 모범을 따랐던 성 프란치스코의 삶이 그들이 싸우고 있는 문서상의 규칙보다 더 중요함을 이 그림들로 보여 주려 했던 것입니다.

조토의 성화 연작, '성 프란치스코의 생애'

1 자신의 망토로 성인을 공경한 맹인

아시시의 한 맹인이 프란치스코를 통해 하느님의 위대한 일이 이루어질 것이며, 그가 모든 그리스도교 신자들에게 공경을 받게 되리라 예언이라도 하듯 그 앞에 자신의 망토를 깔아 주

었습니다. 앞을 볼 수 없던 그의 행동은 자신의 이성이 아닌 하느님의 영에 이끌린 것입니다.

이 그림 중심의 신전 건물은 조토의 자연주의 성향을 잘 보여 줍니다. 아시시 중앙 광장의 미네르바 신전을 그려 넣음으로써 이 그림을 보는 이들이 그림 속 인물과 동질감을 느끼게 해 그들과 함께 성인을 마주하게 만듭니다. 또한 이 장면은 예루살렘으로 입성하시는 예수님을 연상시키기도 합니다.

아시시 중앙 광장에 있는 미네르바 신전.

2 가난한 기사에게 망토를 벗어 주는 프란치스코

투르의 성 마르티노가 걸인의 모습으로 나타나신 예수님께 자신의 망토를 잘라 드린 이야기를 연상시키는 이 그림에서 프란치스코 뒤의 말은 그의 행동을 공경하듯 머리를 숙입니다. 배

경의 건물은 비잔틴 양식에서는 볼 수 없던 3차원적 공간을 나타내며, 좌측 언덕 위에는 세속의 마을이, 우측 언덕에는 성 베네딕토회 수도원이 보입니다. 두 언덕의 골짜기가 만나는 곳에 서 있는 프란치스코는 세속과 수도원 사이에서 자신의 삶을 결정하지 못한 모습이지만, 수도원을 향한 그의 몸과 사람을 향한 그의 자비는 그의 앞날을 암시합니다.

"행복하여라, 자비로운 사람들! 그들은 자비를 입을 것이다."(마태 5,7).

3 건물에 가득했던 무기들에 대한 꿈

가난한 기사에게 망토를 준 그날 밤, 프란치스코는 꿈에서 십자가 문양의 방패가 가득한 궁전을 보았습니다. 이는 그가 베푼 애덕에 대한 하느님의 무한한 보상이었으나, 꿈에서 깬  그는 십자군에 자원하라는 의미로 해석해 스폴레토로 향합니다. 그러나 그곳에서 꿈에 나타나신 주님께서 '더 많이 베풀어 줄 주인을 섬기지 않고, 왜 종에게 삶을 바치려 하는지' 물으시며, 고향인 아시시로 돌아가라고 하시자 그는 기사가 되려는 욕심을 버리고 고향으로 돌아갔습니다. 하느님께서 첫 번째로 프란치스코를 부르신 이 꿈은 그에게 강요가 아닌 선택을 요구합니다.

이 장면은 바위에 칼을 꽂아 넣은 키우스디노의 성 갈가노를 연상시키지만, 궁전 안의 무기는 사람을 죽이는 칼과 창이 아닌, 악으로부터 평화를 지키는 십자가 문양의 방패들이었습니다.

> "우리의 전투 상대는 인간이 아니라, 권세와 권력들과 이 어두운 세계의 지배자들과 하늘에 있는 악령들입니다. … 하느님의 무기로 완전한 무장을 갖추십시오. … 무엇보다도 믿음의 방패를 잡으십시오."(에페 6,12-16).

4 부서진 다미아노 성당에서 기도하는 프란치스코

아시시로 돌아온 프란치스코는 성 밖의 허물어진 다미아노 성당에서 예수님이 그려진 이콘 모양 십자가를 보며 하느님의 뜻을 청하는 기도를 바쳤습니다. 그가 영혼의 안식을 느끼며 십자가를 바라보는 순간 울리는 음성을 들었습니다. "프란치스코야, 가서 허물어져 가는 나의 집을 고쳐 세워라."

프란치스코는 이 말씀을 성당을 고치라는 의미로 받아들였습니다. 그러나 성인은 이내 그 말씀 속 주님의 집이란 작은 성전인 개인과 큰 성전인 교회임을, 그리고 고쳐 세움이란 곧 회개임을 깨달았습니다. 예수님께서 말씀하신 회개는 과거의 것이 아닙니다. 지금 이 그림을 보는  이들에게 하시는 말씀입니다. 그래서 기도하는 프란치스코는 놀란 얼굴로 상체를 십자가를 향하고 손은 벌리고 있습니다.

5 아버지의 모든 재산을 포기하는 프란치스코

가난한 이에게 자신의 재산을 풀어 주는 아들을 막기 위해 회유와 질책을 하던 프란치스코의 아버지는 아시시의 주교 귀도에게 아들을 상대로 소송을 걸었습니다. 성모 마리아 대성당 광장에 선 프란치스코는 손과 시선을 하늘로 들었고, 구름 사이에서 나타난 하느님의 손은 지상과 천상의 대비되는 상황을 보여 줍니다. 하느님의 손을 본 프란치스코는 옷을 벗어 아버지에게 건네며 세상과의 결별을 선언합니다. "이제부터 하늘에 계신 하느님을 아버지로 부르겠습니다." 아들이 벗어 준 옷을 든 아버지는 이 말에 격분

한 듯 오른손 주먹을 쥐고 한 발을 내디디려 합니다. 그러나 뒤에 있던 아내이자 프란치스코의 어머니가 말리듯 손목을 잡고 있고, 프란치스코의 신앙에 놀란 귀도 주교는 자신의 망토로 그의 알몸을 가려 줍니다.

프란치스코가 옷을 벗어 알몸이 된 것은 세상의 것을 포기하는 행동이고, 그 알몸을 주교가 망토로 감싼 것은 프란치스코가 교회의 사람이 됨을 의미합니다. 이러한 대치는 등장인물 배치에서도 볼 수 있습니다. 아버지를 중심으로 좌측은 세상의 부자들이고, 프란치스코를 중심으로 우측은 교회의 사람들입니다. 배경의 건물들은 현실감을 더해 주고, 하느님의 사람으로 다시 태어나는 프란치스코를 향한 하느님의 손은 요르단강에서 세례를 받은 예수님께 울려 퍼진 "이는 내가 사랑하는 아들, 내 마음에 드는 아들이다."(마태 3,17)라는 말씀을 연상시킵니다.

6 교황의 꿈에 나타난 프란치스코

1209(또는 1210)년 수도회의 인준을 위해 로마로 간 프란치스

우 라테라노 대성당과 성 프란치스코 동상.

코는 교황을 만나 자신들의 생활 양식을 적은 수도 회칙의 인준을 청하지만, 몇몇 추기경들의 반대에 부딪힙니다. 잠시 생각을 정리하던 인노첸시오 3세 교황이 깜빡 잠이 들었을 때 꿈에서 모든 교회의 어머니이자 머리인 라테라노 대성당이 기울고 있었고, 갑자기 나타난 걸인이 어깨로 대성당을 떠받쳐 세우는 것을 보았습니다. 그는 다름 아닌 프란치스코였습니다.

7 교황의 프란치스코 회칙 구두 인준

수도회 인준에는 성령 하느님께서 주시는 증명의 시간이 필요합니다. 회원과 사람들에게 미치는 영향을 오랜 시간 관찰해야 하기 때문입니다. 하지만 프란치스코에게 증명의 시간은 필요하지

않았습니다. 인노첸시오 3세 교황의 꿈으로 모든 것이 증명되었기에 세상에서 가장 강력한 권한을 가진 교황은 가장 가난하고 겸손한 프란치스코의 새로운 '생활 양식'을 구두로 인준하며 오른손으로 축복을 내렸습니다.

이로써 성 베네딕토 수도회가 탄생한 지 700년 만에 새로운 정신의 수도회가 탄생했습니다. 모두가 교회의 평화를 위해 강력한 힘이 필요하다고 주장했지만, 프란치스코는 나눔의 밑바탕인 가난과 성경에서 보여 주신 예수님 삶의 실천만이 진정한 평화를 가져다준다는 것을 보여 주었고, 성령 하느님께서 이를 인준해 주신 것입니다.

8 불 마차를 타고 나타난 프란치스코

프란치스코가 루피노 성당 정원의 움막에서 기도를 하고 있을 때, 형제들은 아시시성 밖 리보토르토의 오두막에 머물렀습니다. 루피노 성당과 리보토르토의 오두막을 위아래로 배치해 원근감으로 두 장소 간의 거리를 보여 줍니다.

그런데 한밤중에 프란치스코가 불 마차를 타고 형제들에게 나타납니다. 깨어 있던 이들은 프란치스코를 가리키며 이야기하고, 한 형제는 잠든 형제들을 깨웁니다. 잠에서 깬 이는 하늘을 바라보지만, 아직 깨지 못한 이들도 보입니다. 신비스러운 프란치스코의 모습에서 형제들의 행동은 이것이 꿈이 아닌 현실에서 일어나는 사실임을 강조합니다. 불 마차에 타 하늘을 바라보며 두 손을 모아 기도하는 프란치스코의 모습은 마

하 아시시 남쪽 근교의 리보토르토 성당 정면.

치 열왕기에 나오는 엘리야의 승천을 연상케 합니다. "그들이 이야기를 하면서 계속 걸어가는데, 갑자기 불 병거와 불 말이 나타나서 그 두 사람을 갈라놓았다. 그러자 엘리야가 회오리바람에 실려 하늘로 올라갔다."(2열왕 2,11).

형제들 위를 번쩍이며 돌던 불 마차는 성령을 상징합니다. 또한 성령 강림과 견진성사를 의미하기도 합니다. 엘리야는 예수님 이전의 승천을, 프란치스코는 예수님 이후의 승천을 보여 줍니다. 엘리야처럼 프란치스코도 설교와 예수님을 따르는 완전한 삶으로 세상의 빛이 되었음을 가리킵니다.

9 프란치스코가 천국에서 앉을 자리를 보여 주는 천사

프란치스코가 파치피코 형제와 허름한 성당에서 기도하고 있을 때, 한 천사가 파치피코에게 나타나 천상의 가장 아름다운 자리를 가리키며, 이 자리는 원래 천사의 것인데 그가 타락하여 겸손한 프란치스코를 위해 비워 두었다고 말했습니다. 타락은 겸손하지 않음입니다. 아담과 하와가 에덴동산에서 내쳐진 것도 하느님처럼 되려 한 교만 때문이었습니다(창세 3장 참조). 선악과 이야기는 자유 의지를 주시는 하느님의 사랑을 보여 줍니다. 또한 하느님은 성모님께 천사를 보내 예수님을 잉태할 것임을 알려 주십니다. 이성적으로는 이해할 수 없었지만 성모님은 겸손한 응답을 합니다. "저는 주님의 종입니다. 말씀하신 대로 저에게 이루어지기를 바랍니다."(루카 1,38).

교만은 사람을 죽이는 무기지만, 겸손은 사람을 보호하는 방패입니다. 프란치스코의 겸손은 자신뿐만 아니라 우리 모두가 하늘나라에 들기를 희망하는 이웃 사랑입니다.

10 악마를 쫓아낸 프란치스코

프란치스코가 아레초라는 도시에 도착했을 때, 그곳 사람들은 파벌을 나누어 서로 다투고 있었습니다. 그림 속 성벽의 두 문은 자기만 옳다고 생각하는 갈라진 마음을 표현합니다. 프란치스코는 사람들의 마음을 나누는 사탄 무리를 보았습니다. 영적으로 나쁜 존재를 가리키는 사탄의 어원은 '분열시키는 자'입니다. 프란치스코는 실베스트로 형제를 보내 하느님의 이름으로 사탄을 쫓아냈고, 아레초 마을은 평화를 되찾았습니다.

그림 좌측의 주교좌 성당은 영적인 공간이며, 그 옆에서 프란치스코와 실베스트로가 사탄을 물리치기 위해 기도를 바치고 있습니다. 우측의 아레초 마을은 혼란스러운 세속입니다. 성 프란치스코회 수도자들은 자신의 구원을 위해 성스러운 성당에만 머물지 않고, 세속으로 들어가 하느님의 이름으로 복음을 전하고 평화를 구하는 이들입니다. 이 장면은 복음을 전하라고 제자들을 파견하시면서 사탄을 쫓아낼 권한을 주신 예수님을 연상케 합니다.

"예수님께서 열두 제자를 가까이 부르시고 그들에게 더러운 영들에 대한 권한을 주시어, 그것들을 쫓아내고 병자와 허약한 이들을 모두 고쳐 주게 하셨다."(마태 10,1).

형제들을 둘씩 짝지어 선교를 보낸 프란치스코도 항상 그들을 위해 기도하며 힘이 되어 주었습니다.

11 술탄에게 자신의 믿음을 증명한 프란치스코

프란치스코는 일루미나토 형제와 제5차 십자군에 동행해 이집트로 선교를 갔습니다. 그러나 홍수와 역병, 지휘관의 무능으로 전황은 교착 상태에 빠졌습니다. 프란치스코는 십자군 교황 대리의 특사로 술탄 알 카밀을 만나 평화의 필요성을 이야기하며,

술탄과 그 백성에게 개종
을 권하고, 자신의 신앙을
증명하기 위해 불을 피워
이슬람 제사장과 함께 불
속으로 뛰어 들겠다고 했
습니다. 그의 말이 떨어지
기 무섭게 제사장들은 불
을 등지고 도망쳤습니다.

　술탄은 프란치스코의 제안을 거절하면서도 그의 용기에 대한 보상을 주고자 했지만 청빈 서약을 한 프란치스코는 재물이 아닌 모든 이의 구원을 갈망했습니다. 술탄은 이 모습에 감동해 프란치스코와 같은 옷을 입은 이들이 자신의 땅에서 살 수 있게 허락했습니다. 지금도 프란치스칸은 예루살렘 성지를 지키며 하느님의 평화를 전합니다.

12 탈혼 상태에서 주님을 만난 프란치스코

　프란치스코가 두 손을 십자가 모양으로 펼치고 기도할 때 종종 땅에서 들려 빛나는 구름에 둘러싸였습니다. 그 광채는 그의 영혼에 넘쳐흐르는 기적의 표시였습니다. 그렇게 얼마 동안을 보내다 형제들과 만날 때면 프란치스코는 다른 이들과 똑같아 보

이도록 이전보다 더 조심했습니다.

그림 우측 아래의 산은 예수님께서 변모하신 타볼산이나 프란치스코가 오상을 받은 라 베르나산을 의미합니다. 제자들 앞에서 영광스럽게 변모하신 예수님처럼, 프란치스코도 예수님의 축복으로 빛나는 모습을 형제들에게 미리 보여 줍니다. 그의 설교는 세상 지식이 아닌 주님의 말씀에서 비롯된 것이며, 주님의 말씀을 전하기 위해 지식의 충족보다 기도의 충만이 더 중요하다는 메시지를 전해 줍니다.

13 그레초에서 첫 구유 봉헌 미사를 바치는 프란치스코

1220년 예루살렘에서 그레초로 돌아온 프란치스코는 십자군이라는 이름으로 사람을 죽이러 가는 예루살렘보다 그리스도의 사랑을 깨닫게 해 주는 그레초가 거룩한 땅이라 여겼습니다. 1223년 성탄 무렵, 아기 예수님을 뵙고픈 열망을 느낀 프란치스코는 호노리오 3세 교황의 허락을 받아 최초로 구유를 만들었습니다. 마을 사람들은 기쁨에 차 동굴 근처로 모였고, 부제복을 입은 프란

좌 그레초에서 프란치스코가 첫 구유 미사를 드린 장소.

치스코는 목각으로 만든 아기 예수님을 구유에 모셨습니다. 미사 중 성체 변화의 거룩한 순간에 목각의 아기 예수님이 눈을 뜨고 프란치스코를 바라보셨습니다. 마을 사람들에게도 영적인 눈이 열려 아기 예수님이 살아 계신 것처럼 보였습니다. "소도 제 임자를 알고 나귀도 제 주인이 놓아준 구유를 알건만 이스라엘은 알지 못하고 나의 백성은 깨닫지 못하는구나."(이사 1,3).

예수님께서 보여 주신 육화의 신비로, 그레초는 베들레헴과 쌍둥이 도시라 불리게 됩니다.

14 샘의 기적을 보여 준 프란치스코

프란치스코가 나귀를 타고 라 베르나산을 오를 때 동행

1부 은총의 빗물 ___ 103

하던 나귀 주인이 심한 갈증을 호소합니다. 나귀에서 내린 프란치스코가 무릎을 꿇고 기도한 후, 바위 사이를 가리키자 물이 솟아나 갈증을 해소할 수 있었습니다. 이는 모세를 통해 이스라엘 백성에게 자비를 베푸신 구약의 하느님과, 영원한 생명을 주시는 신약의 예수님이 주신 물, 즉 세례성사를 의미합니다.

"이제 내가 저기 호렙의 바위 위에서 네 앞에 서 있겠다. 네가 그 바위를 치면 그곳에서 물이 터져 나와, 백성이 그것을 마시게 될 것이다."(탈출 17,6).

"이 물을 마시는 자는 누구나 다시 목마를 것이다. 그러나 내가 주는 물을 마시는 사람은 영원히 목마르지 않을 것이다. 내가 주는 물은 그 사람 안에서 물이 솟는 샘이 되어 영원한 생명을 누리게 할 것이다."(요한 4,13-14).

15 새들에게 설교하는 프란치스코

프란치스코는 페루자 인근 베바냐에서 새들에게 설교를 합니다. 성경에서 예수님은 새들을 하느님 섭리에 온전히 순응하며 세상 물질에 매일 걱정 없이 사는 동물이라고 하셨습니다. "하늘의 새들을 눈여겨보아라. 그것들은 씨를 뿌리지도 않고 거두지도 않을 뿐만 아니라 곳간에 모아들이지도 않는다."(마태 6,26).

프란치스코는 새들에게 예수님의 이 말씀을 전하며, 하느님의 피조물로서 온전히 받아들이고 감사하는 삶을 강조합니다. 그러고는 오른손을 들어 새들에게 축복을 해 주자 새들은 날아갑니다. 하느님 섭리에 순명하는 프란치스코의 맨발은 형제들이 신은 샌들로 인해 더욱 부각됩니다. 프란치스코의 엄격한 수도 규칙은 형제들

우 아시시 에레모 은수처에 있는 프란치스코가 살아 있던 시절의 나무.

에게 거부당했지만, 이는 그들이 자신의 삶을 하느님 섭리가 아닌 자신의 의지에 맞췄기 때문입니다. 그러나 프란치스코는 수도 생활의 중심은 엄격함이 아닌, 새들처럼 온전히 하느님께 의탁하는 데 있음을 다시금 일깨워 줍니다.

16 기사의 죽음을 예언한 프란치스코

프란치스코가 첼라노에 설교하러 갔을 때, 그의 명성을 들은 기사가 그를 자신의 집에 초대하자 프란치스코는 사제 한 명과 함께 갔습니다. 식사 전 기도를 한 후 프란치스코는 기사에게 감사를 표하며 기사의 죽음을 예언하고 참된 통회를 권하며 자신은 사제가 아니니 함께 간 사제에게 모든 죄를 고백하라고 충고했습니다. 그의 충고를 받아들인 기사는 사제에게 자신의 죄를 고백한 후, 식사가 시작되자 갑자기 숨을 거두었습니다.

그림은 기사의 집이지만 좌측의 식탁은 제대처럼, 우측 군중은 미사에 참여한 사람들처럼 보입니다. 식탁 위에는 그리스도의 상징인 물고기와 성체성사의 재료인 빵과 포도주가 있습니다. 고해성사를 준 욕심 많은 사제는 기사가 죽었는데도 이미 자리에 앉아 칼까지 들고 있습니다. 성사는 사제의 성덕과 상관없이 그 자체로 효과가 있지만, 거룩한 성사를 행하는 사제를 위해 기도하는 것은 매우 중요합니다. 이 장면에는 성체, 고해, 병자성사가 함께 등장합니다. 거짓 예언자는 자신을 드러내지만, 하느님의 사람은 하느님 은총을 교회의 성사로 완성합니다.

17 호노리오 3세 교황 앞에서 설교하는 프란치스코

프란치스코는 학식이 뛰어난 사람은 아니었습니다. 수도회 안에서 설교가 중요해지면서 교육 기관과 함께 모여 사는 수도원의 필요성이 대두되었으나, 설교를 하기 위해 프란치스코에게 중요했던 것은 세상의 지식이 아닌 기도를 통해 은총을 받는 하늘 나라의 지혜였습니다.

파라오 앞에서 무슨 말을 해야 할지 두려워하던 모세에게 하느님께서 "내가 너와 함께 있겠다."(탈출 3,12)라고 하신 것처럼, 프란치스코 곁에는 성령 하느님께서 함께 계셨습니다. 그의 입에서 나오는 말씀은 사람들을 감동과 회개로 이끌었습니다. 그의 이야기에 교황과 고위 성직자들이 집중하는 모습은 성전에서 어린 예수님과 율법 교사들이 이야기를 나누는 모습 같습니다. "그는 율법 교사들 가운데에 앉아 그들의 말을 듣기도 하고 그들에게 묻기도 하고 있었다. 그의 말을 듣는 이들은 모두 그의 슬기로운 답변에 경탄하였다."(루카 2,46-47).

18 아를의 규칙서의 방에 나타난 프란치스코

파도바의 성 안토니오는 프란치스코의 지시로 이단 카타리나파에 맞서기 위해 프랑스 아를의 수도원 규칙서의 방에 형제들을 모아 십자가 위에 걸린 예수님의 명패에 대해 가르치고 있었습니다. 당시 이단들에게 설교한다는 것은 목숨까지 내놓아야 할 정도로 위험했습니다. 안토니오의 말을 듣던 형제들은 확신도 용기도 모두 부족했습니다. 그때 안토니오 옆에서 턱에 손을 괴고 있던 모날도 형제가 갑작스런 영감을 받아 문을 바라보니, 프란치스코가 십자가 모양으로 양팔을 벌리고 오른손으로는 예수님처럼 축복하며 공중에 떠 있었습니다. 나머지 형제들도 프란치스코가 함께하고 있음을 마음속 깊이 느끼며 위로를 얻었습니다.

이 장면은 부활하신 예수님께서 제자들에게 나타나시어 위로해 주시는 장면을 연상케 합니다. 둘이나 셋이 모인 곳에 주님께서, 그리고 프란치스코도 함께하고 있다는 약속입니다.

> 제자들은 유다인들이 두려워 문을 모두 잠가 놓고 있었다. 그런데 예수님께서 오시어 가운데에 서시며, "평화가 너희와 함께!" 하고 그들에게 말씀하셨다.(요한 20,19).

19 오상을 받는 프란치스코

1223년 수도회의 분열로 힘든 한 해를 보낸 프란치스코는 1224년 9월 해발 1,200미터의 라 베르나산에 올랐습니다. 제자들이 도망쳐 홀로 십자가를 지고 골고타 언덕을 오르셨던 예수님처럼, 이 산을 오르던 프란치스코도 형제들에게 배신감을 느꼈을지도 모릅니다.

극심한 심적 고통과 혼란 중에 기도하던 그에게 하느님과 가장 가까이 있다는 여섯 날개를 지닌 세라핌 천사의 모습으로 예수님

우 프란치스코 성인이 오상을 받으신 바위에 세워진 오상 성당.

께서 나타나십니다. 그러고는 예수님의 다섯 상처에서 빛이 나와 프란치스코에게 똑같은 상처를 남겼습니다. 그가 예수님을 올바르게 잘 따랐다는 일치의 표시이자 징표였습니다. 그와 조금 떨어진 곳에서는 늘 프란치스코를 곁에서 돌본 레오 형제가 이 사실을 모른 채 기도하고 있습니다.

20 프란치스코의 선종

1226년 10월 3일, 프란치스코는 포르치운콜라에서 선종했습니다. 이 그림에는 두 세계가 한 공간에 공존하고 있습니다. 하단은 세속의 세상으로 프란치스코의 유해 앞에서 슬퍼하는 형제들과 아시시의 성직자들, 마을 사람들이 모여 있습니다. 그들의 머리 위에는 구름에 가려진 천상 세계에서 프란치스코의 영혼이 천사들에게 둘러싸여 올라가고 있습니다. 죽음을 누이라 부른 그였기에 이 순간은 두려움이 아니라 영원히 주님을 만날 기  다림의 순간이었고, 천상에 오르는 순간에도 그는 팔을 벌려 세상에 남아 있는 모든 이를 축복합니다.

21 아우구스티노와 아시시의 주교에게 발현한 프란치스코

선종한 프란치스코가 두 사람에게 나타났습니다. 한 명은 임종을 기다리던 아우구스티노 형제였습니다. 며칠 동안 움직이지도 말하지도 못하던 그는 프란치스코의 영혼이 하늘로 올라가고 있다 말하며 자기도 함께 가겠다고 외친 후 임종을 맞았습니다. 앞의 그림과 이어서 보면 하늘로 올라가는 프란치스코가 고개를 돌려 아우구스티노 형제를 바라보는 것 같습니다.

또 다른 한 명은 프란치스코 선종 당시 이탈리아 남부 풀리아 지

방의 '미카엘 대천사의 산'에서 순례 중이던 아시시의 주교였습니다. 프란치스코는 주교에게 세상을 떠나 하늘 나라로 가는 중이라고 말했습니다. 서로 다른 두 곳에서 목격된 프란치스코의 영혼을 그림에서는 건물의 앞뒤로 구분해 표현했습니다. 그리고 이는 부활하신 예수님께서 제자들에게 나타나신 이야기를 연상케 합니다.

> "그들 가운데 두 사람이 걸어서 시골로 가고 있을 때, 예수님께서 다른 모습으로 그들에게 나타나셨다. 그래서 그들이 돌아가 다른 제자들에게 알렸지만 제자들은 그들의 말도 믿지 않았다."
> (마르 16,12-13).

22 기사 예로니모가 프란치스코의 오상을 확인함

프란치스코의 선종 소식을 들은 많은 이들이 오상을 보

려고 몰려들었습니다. 그 중에는 교양 있고 사려 깊은 기사 예로니모도 있었습니다. 프란치스코의 오상을 의심하던 그는 예수님의 상처에 손가락을 넣으려 했던 토마스처럼 프란치스코의 유해 앞에 무릎을 꿇고 옆구리의 상

처에 손가락을 넣어 확인했습니다. 그 순간 예로니모뿐만 아니라 그곳의 모든 사람들에게서 오상에 대한 의심이 사라졌습니다.

23 성 클라라와의 마지막 인사

포르치운콜라에서 장례를 마친 프란치스코의 유해가 무덤으로 정한 아시시의 성 조르조 성당으로 운구되던 중에 클라라와 그의 자매들이 있는 성 다미아노 성당을 지나갔습니다. 클라라와 자매들은 운구 행렬을 맞이해 프란치스코에게 마지막 인사를 건넸습니다. 프란치스코가 말씀 안에 살아 계신 예수님의 현존을 자신의 삶으로 보여 주었다면, 클라라는 예수님의 현존을 기도로 드러냈습니다. 그래서 이 두 성인의 삶이 예수님의 완전한 모습을

1부 은총의 빗물 ___ 113

보여 주어 우리를 주님께 더 가까이 이끌어 줍니다.

프란치스코를 잘 보기 위해 나무에 오른 아이들의 모습과 유해를 따라오는 군중의 행렬이 예수님의 예루살렘 입성을 연상시키며, 성 다미아노 성당에서 나오는 수녀들과 대비됩니다. 프란치스코의 삶이 클라라를 통해 이어지리라 암시하는 듯합니다.

24 프란치스코의 시성

1228년 7월 16일 그레고리오 9세 교황이 성 조르조 성당에서 많은 성직자와 신자들과 함께 프란치스코의 시성식을 거행했습니다. 생전에 이미 많은 기적을 보여 주며 하느님의 사람임을 증명했던 프란치스코는 순교자가 아님에도 선종 2년 만에 성인품에 올랐습니다.

25 그레고리오 9세 교황의 꿈에서 오상을 증명함

프란치스코의 선종 이후에도 오상을 의심하는 목소리는 계속되었습니다. 심지어 프란치스코의 후원자이자 시성식을 주례했던 그레고리오 9세 교황도 그중 한 사람이었습니다. 어느 날 밤 그의  꿈에 프란치스코가 나타나 오른팔로 피가 흐르는 옆구리의 상처를 보여 주며 왼팔로 교황의 팔을 들어 유리잔에 피를 담았습니다. 꿈에서 깬 교황은 공식적으로는 최초로 프란치스코의 오상을 예수님의 오상으로 선포했습니다.

26 환자를 치유하기 위해 나타난 프란치스코

그림 26-28은 천상의 프란치스코가 세상의 일과 관계하는 이야기입니다. 온몸에 붕대를 감고 침대에 누운 환자의 곁에 성 프란치스코가 두 천사와 함께 다가와 있습니다. 좌측에는 초록 모자를 쓴 의사가 가족과 함께 등을 돌려 나가고 있습니다. 이는 환자에게 더 이상 가망이 없다는 뜻입니다.

성인을 매우 존경했
던 환자 요한은 성인에
게 의지하며 도움을 청
했습니다. 정신이 혼미
한 와중에 성인과 같은
수도복을 입은 사람이
자신을 프란치스코라고
하며 자신에 대한 믿음
으로 하느님께서 치유의 은총을 주실 것이라 말했습니다. 성인의
오상의 손길이 요한의 상처에 닿는 순간 그는 고통에서 해방되어
자유를 얻었습니다.

27 죄 중에 죽은 여인의 부활

성인을 존경하
며 닮고자 했던 여인이 임
종을 맞이했습니다. 가족
과 본당 신부가 시신 옆에
서 기도를 하는데, 갑자기
죽은 여인이 일어나 신부
에게 이야기를 하기 시작

했습니다. 자신이 죽기 전 큰 죄를 고백하지 않아 지옥에 가야 했는데, 성 프란치스코의 기도로 다시 깨어나 고해성사를 받을 시간을 허락받았다는 이야기였습니다. 여인은 신부에게 총고해를 했고, 여인의 영혼을 지옥으로 끌고 가려던 사탄은 천사에게 쫓겨났습니다. 그림 좌측 상단에는 예수님께 전구를 청하는 성 프란치스코가 보입니다. 육신의 치유는 하느님의 은총만으로도 이루어질 수 있지만, 영혼의 치유는 온전한 성찰과 반성을 통한 회개, 하느님께서 만드신 고해성사로 이루어짐을 보여 주는 그림입니다.

28 회개한 죄수의 해방

그레고리오 9세 교황 시절, 이단을 믿던 알리페의 베드로라는 사람이 쇠사슬에 묶여 티볼리의 감옥에 갇혀 있었습니다. 감옥에서 회개를 한 베드로는 성 프란치스코에게 간곡한 기도를 바쳤습니다. 성인의 축일 저녁 베드로의 감옥에 성인이 나타나 그의 손과 발을 묶은 쇠사슬을 풀어 줬습니다. 간수의 증언

1부 은총의 빗물 ___ 117

과 베드로의 회개를 들은 티볼리의 주교는 이 모든 일이 사실임을 알고 무릎을 꿇어 감사 기도를 드렸습니다. 성인은 하늘 나라로 돌아가고 있습니다. 이는 예수님께서 천사를 보내 베드로 사도가 감옥에서 나올 수 있도록 기적을 보여 주신 것처럼, 성 프란치스코를 보내 죄수 베드로를 육체적·영적으로 해방시켜 주신 것을 비유적으로 표현한 그림입니다.

원숭이를 사냥하는 사냥꾼은 원숭이가 하나만 생각하는 습성을 이용한다고 합니다. 사냥꾼은 나무에 원숭이의 손이 들어갈 크기의 구멍을 내고, 그 안에 원숭이가 좋아하는 바나나를 넣어 둡니다. 원숭이가 손을 넣어 바나나를 잡으면 손이 구멍에서 빠지지 않습니다. 사냥꾼이 다가와도 원숭이는 그 욕심 때문에 자유와 생명을 잃을 수 있음에도 끝내 바나나를 놓을 생각을 하지 못합니다.

신앙인인 우리도 종종 이런 덫에 걸려듭니다. 놓으면 되는데 오히려 더 잡으려 합니다. 놓는 단순함을 버리고, 잡는 복잡함을 택합니다. 우리 손이 잡을 수 있는 양에는 한계가 있는데도 매일매일 주님께 '주소서'라고 청하는 기도를 합니다. 맞습니다. 주님께서는 청하는 대로 주십니다. 다만 우리에게는 하늘에서 오는 은총의 선물을 잡을 손이 더 이상 없을 뿐입니다.

채우려면 우선 비어 있어야 합니다. 받으려면 먼저 버려야 합니다. 더 좋은 것을 받으려면 가진 것을 먼저 내려놓아야 합니다. 성 프란치스코가 보여 준 진리입니다. 성인은 가난할 때 풍성해졌고, 겸손할 때 들어 올려졌습니다. 성인의 가난은 부족함이 아닌 나눔이었습니다. 주님께서는 오천 명을 먹이신 기적으로 나눔의 기적을 이미 보여 주셨습니다. 부자가 하늘 나라에 들기 어려운 것은 가진 재물 때문이 아니라 손에 쥔 것을 놓지 못하기 때문일 것입니다. 성인도 아버지의 재산을 물려받아 부자로 살 수 있었지만, 재물의 종이 아닌 주님을 주인으로 모시기 위해 모든 것을 놓았습니다. 놓는 순간 우리는 두려움을 느끼지만, 두려움을 이기고 놓을 수 있는 용기가 믿음입니다. 어쩌면 이 믿음은 원숭이가 바나나를 놓는 것처럼 단순할 수도 있습니다.

성 프란치스코는 빈손으로 하늘 나라에 들어갈 수 있는 사랑과 은총을 차고 넘치게 받았습니다. 하지만 이마저도 형제들과 나누었고 세상 사람들과 나누었습니다. 심지어 선종한 후에도 자신이 받은 은총이 필요한 이들을 찾아가 나누었습니다. 성 프란치스코의 유일한 희망은 주님께서 바라신 것처럼 세상 모든 이가 하늘 나라에 들어가는 것이었습니다.

천사들의 성모 마리아 대성당

프란치스코 성인의 신비로운 여정

아시시로 차를 타고 들어서면 가장 먼저 보이는 대성당이 천사들의 성모 마리아 대성당입니다. 성당 위에 모셔진 8미터 높이의 황금빛 성모상으로 이 성당이 성모님께 봉헌된 성당임을 쉽게 알 수 있습니다. 이름에서도 알 수 있듯, 이 성당은 천사들과 관련이 있습니다.

라 베르나산에서 기도하던 성 프란치스코는 천사들에게 둘러싸여 발현하신 성모님을 보고 그 자리에 천사들의 성모 마리아 기념 성당을 봉헌했습니다. 성모님은 프란치스코의 든든한 보호자셨고, 훗날 미국으로 선교를 간 프란치스칸이 성모님을 기억하며 지은 도시 이름이 바로 로스앤젤레스입니다.

성 프란치스코의 삶과 죽음을 기념하고 있는 아시시 천사들의

상/하 천사들의 성모 마리아 대성당Basilica di Santa Maria degli Angeli.

포르치운콜라 소성당.

성모 마리아 대성당도 라 베르나산의 이 체험을 품고 있습니다. 하지만 이 대성당에서 심장과도 같은 곳은 대성당 내부의 포르치운콜라 소성당과 성 프란치스코가 선종한 장소입니다.

포르치운콜라 소성당은 1209년 인노첸시오 3세 교황의 인준 후 성인과 형제들이 공식적으로 가난의 수도 생활을 시작한 곳이고, 예수님께서 성모님과 발현하시어 회개한 이들에게 전대사(완전한 용서)를 약속하신 거룩한 장소입니다. 성인이 선종한 '지나감의 경당 Cappella di Transito'은 이 세상의 삶을 마친 성인이 하늘에서의 삶을 시작한 곳이며, 지상에서 예수님을 따른 성인의 처음과 끝, 천상의 영원함이 시작된 곳입니다.

또한 포르치운콜라는 성 클라라가 1212년 집에서 도망쳐 머리카락을 자르고 수도 서원을 한 곳으로 성 클라라회의 씨앗이 뿌려진 곳이기도 합니다.

이처럼 거룩한 장소를 보호하고 많은 순례자들을 맞이하기 위해 비오 5세(재위 1566-1572년) 교황의 원의에 의해 대성당 공사가 시작되었습니다. 공사는 건축가 갈레아초 알레시의 지휘하에 시작되어 100년이 넘게 이어졌습니다(1569-1670년). 그럼에도 대성당은 처음의 의도대로 순례자들을 맞이하기 위해 웅장함을 갖추면서도 성 프란치스코의 단순함과 가난함을 잃지 않은 모습으로 지어졌습니다. 대성당은 화려함의 대명사인 바로크 양식으로 지어졌으나, 조각과 장식을 절제한 특별한 성당입니다.

라틴 십자가 형태의 평면도를 지닌 대성당의 크기는 길이 126미터, 너비 65미터이고, 중앙이 2열 기둥으로 나뉜 세 개의 회랑이 있습니다. 대성당의 가장 중심인 쿠폴라(돔) 아래에는 이 성당의 심장인 포르치운콜라 소성당이 특별한 보석처럼, 그러나 겸손한 모습으로 자리하고 있습니다.

포르치운콜라

이탈리아어로 1인분의 파스타를 의미하는 '포르치오네Porzione' 와 농사를 뜻하는 '아그리콜라Agricola'의 합성어인 포르치운콜라는 '1인분의 파스타를 만들 수 있을 만큼의 밀이 심긴 땅'이라는 의미입니다. 아주 좁은 장소를 의미하기에 프란치스코와 너무도 잘 어울리는 이름입니다.

수바시오산의 성 베네딕토 수도원의 소유로 6세기경부터 존재했던 이 성당은 농장에서 일하는 콘베르시나 일꾼들이 기도 시간에 사용했던 곳입니다. 프란치스코와 형제들이 이곳에서 수도 생활을 시작할 때 무상으로 제공하려 했으나, 성인은 작은 성당마저 소유하려 하지 않았기에 1년에 한 바구니의 물고기로 세를 내며 사용했다고 합니다.

성당 정면에는 성모님의 중개로 예수님께 포르치운콜라의 전대사를 받는 프란치스코를 그린 프레스코화가 있었으나, 세 번에 걸쳐 복원되었다가 1829년 나자레노 페데리코 오버벡이 다시 그린 그림이 현재 걸려 있습니다.

1206년 성 다미아노 성당에서 예수님의 음성을 들은 프란치스코는 성 다미아노와 성 베드로 성당을 수리한 후, 1208년 포르치운콜라에서 세 번째로 성당을 수리했습니다. 내부 석재는 성인의 손길을 느끼려 했던 많은 순례자의 손길에 부드럽게 변했습니다.

포르치운콜라 입구에서 바라본 내부. 입구 바닥에 적힌 라틴어는 '여기는 거룩한 장소이다.'라는 뜻이다.

이후 많은 형제들을 받아들인 수도회가 형제들을 세상 곳곳으로 파견하면 형제들은 이곳으로 다시 돌아와 돗자리 총회를 열어 자신들이 했던 일들을 나누었습니다. 포르치운콜라는 프란치스칸에게 영적인 삶의 중심이었습니다.

"길을 떠날 때에 아무것도 가져가지 마라. 지팡이도 여행 보따리도 빵도 돈도 여벌 옷도 지니지 마라." 제자들은 떠나가서 이 마을 저 마을 돌아다니며, 어디에서나 복음을 전하고 병을 고쳐 주었다.(루카 9,3.6).

1393년 비테르보의 사제 일아리오는 중앙 하단의 주님 탄생 예고를 중심으로 '아시시의 용서'를 다섯 편의 그림이 모인 제단화로 표현했습니다. 우측 하단부터 반시계 방향으로 유혹을 이기기 위해 가시밭에 몸을 던진 프란치스코, 두 천사와 포르치운콜라로 가는 프란치스코, 천사에게 둘러싸여 발현하신 예수님과 성모님께 전대사를 청하는 프란치스코, 호노리오 3세 교황에게 수도 회칙의 인준을 청하는 프란치스코, 예수님과 교회로부터 인준받은 위대한 선물을 선포하는 프란치스코의 모습입니다.

프란치스코가 예수님께 약속받은 전대사는 이전의 것과는 완전히 달랐습니다. 당시 전대사를 받기 위해서는 예루살렘이나 산티

포르치운콜라 제단화.

아고 데 콤포스텔라를 순례하거나 십자군 전쟁에 참전해야 했습니다. 그렇지 않으면 돈이나 땅을 기부하거나 자신의 이름으로 타인을 순례 보내는 등 대가를 치러야 했습니다. 당시의 전대사는 가난한 사람을 위한 것이 아니었습니다.

프란치스코는 이를 이해할 수 없었습니다. 하느님은 사랑이시기 때문입니다. 성인은 성모님의 중개로 예수님께 자신의 죄를 회개하면 누구나 받을 수 있는 전대사를 청하였고, 예수님은 성인에게 '아시시의 용서', 모든 사람에게 주는 하느님의 대가 없는 선물을 주셨습니다.

　프란치스코 성인의 위대함은 바로 여기에 있습니다. 300년 후인 1517년 마르틴 루터도 돈을 치러야 하는 전대사를 반박하면서 교회를 비판했습니다. 그 결과 교회는 분열을 겪어야 했습니다.

　성 프란치스코와 마르틴 루터 모두 교회의 세속화를 경고하며 개혁을 외쳤습니다. 그러나 성인은 사람의 개혁(회개)을 외쳤고, 루터는 교회(제도)의 개혁을 외쳤습니다. 전대사의 비판에 있어서도 성인은 전대사를 주님께서 교회를 통해 주시는 사랑으로 보았지만, 루터는 교회의 상술이라 비난했습니다. 그로 인해 한 사람은 교회를 어머니로 생각하고 순명하여 가난이 하느님의 본성인 사랑을 찾는 최고의 선임을 보여 준 반면, 다른 한 사람은 하느님 없는 교회의 고위 성직자에 대한 불만으로 하느님을 가르고 사람을 갈랐습니다. 그렇기에 루터의 개혁은 고쳐 세운 것이 아닌 분열이었습니다. 진정한 종교 개혁의 모습은 성 프란치스코가 잘 보여 주었습니다.

　성인이 이곳을 죽음이라는 자매를 만날 장소로 정한 것으로도 이곳에 대한 사랑을 알 수 있습니다. 1226년 10월 3일 성 프란치스코는 포르치운콜라 뒤편 환자들을 위한 장소에서 선종합니다.

대사(大赦, Indulgentia)

대사는 죄의 용서가 아니라, 죄로 받아야 할 벌을 없애 주는 것입니다. 일반에서 말하는 '면죄부'는 올바른 표현이 아닙니다. 가톨릭 교회에서 죄를 용서해 주는 유일한 방법은 고해성사입니다. 그러나 고해성사를 통해서도 죄는 없어지지만 그에 상응하는 벌은 남습니다. 그 벌의 완전한 용서를 위해서는 보속을 해야 합니다.

그러나 기억하지 못하는 죄, 회개하지 않은 죄 등은 잠벌暫罰로 남게 되고, 이는 죽음 후 연옥에서 치러야 합니다. 이때 연옥에서 받아야 할 벌을 성인들의 공로나 교회의 믿음으로 대신해서 사해 주는 것이 바로 '대사'입니다. 그러므로 대사는 하느님의 무한한 사랑과 자비의 결과이지, 물질적 조건으로 이루어지는 것이 아닙니다.

이는 교회의 오래된 전통이었다가 1300년 보니파시오 8세 교황이 제도적으로 성년을 제정해 25년마다 돌아오는 정기 성년과 특별한 시기를 정해 선포하는 특별 성년에 대사를 주기도 합니다.

대사에는 모든 벌을 용서해 주는 전대사全大赦와 일부를 용서해 주는 한대사限大赦가 있으며, 전대사의 조건에는 ① 주님의 기도와 사도 신경 바치기, ② 고해성사, ③ 미사 중의 성체성사, ④ 교황의 지향 기도 바치기, ⑤ 정해진 장소 순례하기의 다섯 가지가 있습니다.

죽음, 지나감의 경당

임종을 앞둔 성인은 자신의 전 수도 생활을 보호해 주시길 청하며 성모님께 봉헌한 포르치운콜라에서 죽음을 맞고자 했습니다. 그는 아시시에서 오던 도중 잠시 멈추어 자신이 사랑하는 도시 아시시를 마지막으로 축복한 후, 지친 몸을 포르치운콜라에 뉘었습니다.

성인이 선종한 곳은 초기 성 프란치스코회의 병실이 있던 곳입니다. 병실은 수도원의 생활 공간과 분리되어 있습니다. 1226년 10월 3일 토요일, 성인은 이곳에서 맨몸으로 바닥에 누워 죽음이라는 누이를 맞이했습니다. 해가 넘어간 토요일 저녁은 이미 주일의 시작이기에, 성인이 하늘에서 다시 태어난 축일은 10월 4일로 지냅니다.

좌 성 프란치스코가 선종한 지나감의 경당. | **우** 경당 제대 위 성 프란치스코의 수도복 띠.

성인은 임종하기 전에 자신이 지었던 「피조물의 찬가」의 마지막 부분에 죽음에 관한 찬미가를 첨가했습니다. 죽음마저도 누이로 맞이한 성인의 마음에는 죽음은 끝이 아니라 영원한 생명을 향한 잠시의 지나감임을 잘 보여 줍니다. 이곳을 '지나감의 경당'이라 부르는 까닭입니다.

"내 주여, 살아 있는 어느 사람도 벗어나지 못하는 육체의 죽음인 누님의 찬미받으소서. 죽을죄 짓고 죽는 사람들은 두 번째 죽음에서 도망갈 길이 없지만, 두 번째 죽음이 해칠 수 없는 당신의 더없이 거룩한 뜻을 좇는 사람들은 복됩니다. 내 주를 높이 찬양하고 찬미하여라. 위대한 겸손으로 주님을 섬기고 감사하여라."

장미 정원

장미 정원으로 들어가는 초입에는 아마트리체의 루이지가 1885년 점토를 구워 만든 성 프란치스코의 조각이 있습니다. 평화의 사도라 불리는 성인은 자신과 하느님 그리고 세상의 피조물과 화해를 이뤘습니다. 그것을 증명이라도 하듯 성인의 상 주위에는 항상 살아 있는 비둘기 두 마리가 평화를 상징하듯 맴돌고 있습니다.

굽비오Gubbio 마을에서 포악한 늑대와 마을 사람들을 화해시켰듯, 성인에게 모든 동물은 하느님의 고귀한 피조물이자 함께 살아

장미 정원 초입에 있는 성 프란치스코 석상과 비둘기.

갈 대상이었습니다. 1916년 빈센초 로시뇰리가 장미 정원 중앙에 만든 청동상인 '성 프란치스코와 양'도 같은 의미로 세워졌습니다.

앞에서 언급한 것처럼, 이 장미 정원은 예수님께 전대사를 얻기 전에 성인이 마음속 의심과 유혹을 이기기 위해 덤불에 맨몸을 던졌던 곳입니다. 13세기 말의 문서에 나오는 전승에 따르면, 이곳에는 원래 가시덤불이 있었는데 성인이 몸을 던졌을 때 가시들이 사라지고 그 자리에 장미가 피었다고 합니다. '아시시의 장미'라는 고유종으로 명명된 이 장미는 지금까지도 다른 곳에서는 자라지 않는다고 합니다.

장미 정원과 그 중앙에 있는 '성 프란치스코와 양' 청동상.

　장미의 기적이 일어난 1215년경은 수도회가 혼란스럽던 시기였습니다. 1210년경 수도회로 인준을 받으며 많은 이들이 몰렸지만 성인의 엄격한 삶을 따르지 못해 떠나는 이들이 있었고, 남아 있는 이들도 구걸하는 삶에서 설교자의 위치를 잡지 못하고 방황했습니다. 공동체 안에서 의심과 유혹은 다툼으로 번지기까지 했습니다.
　이런 상황에서 성인에게 유일한 해결 방법은 그리스도의 십자가뿐이었습니다. 성인이 가시덤불에 몸을 던진 것도 십자가 위 그리스도의 고통과 일치함으로써 은총을 청하기 위함이었습니다.
　성인의 전적인 믿음은 가시덤불의 가시만 사라지게 한 것이 아니었습니다. 형제들 사이에 상처를 준 마음속의 가시도 사라졌습니다. 그리스도의 십자가는 진정한 평화를 선물로 주었습니다.

프란치스코는 인간적인 유혹과 의심을 이길 수 있는 유일한 방법은 하느님을 향한 전적인 신뢰임을 가시 없는 장미 정원으로 말하고 있습니다.

장미 경당

천사들의 성모 마리아 대성당 종탑과 담으로 연결된 좌측에 장미 경당이 있습니다. 가시 없는 장미 정원 옆입니다. 초기에 프란치스코와 형제들은 포르치운콜라를 중심으로 개인 초막을 짓고 살았는데, 프란치스코의 초막이 있던 곳이 바로 이 장미 경당입니다.

좌 천사들의 성모 마리아 대성당 종탑과 장미 경당. | **우** 장미 경당 내부.

이곳은 성인이 가장 많은 시간을 보낸 장소입니다. 사도적 순례와 설교를 떠난 후에는 항상 이곳으로 돌아왔고, 형제들을 선교사로 파견한 후에는 매년 이곳에서 돗자리 총회를 열었습니다. 1221년 돗자리 총회 때는 파도바의 성 안토니오도 이곳에서 만났습니다.

1260년 성 보나벤투라의 제안으로 현재 제대 위치에 작은 경당이 세워졌고, 1440년 시에나의 성 베르나르디노에 의해 현재의 모습으로 확장되었습니다. 제대 아래 프란치스코의 동굴에는 십자가 앞에서 기도하는 프란치스코상이 있습니다. 십자가 아래의 나무는 프란치스코가 포르치운콜라에서 전대사를 선포할 때 올라갔던 설교대에 있던 것입니다.

경당 벽에는 피사의 바르톨로메오가 쓴 『성 프란치스코 전기』를 기초로 1506-1516년 사이에 아시시의 티베리오가 그린 다섯 장의 프레스코화가 있습니다. 이 그림은 포르치운콜라 제단화의 내용과 같습니다.

먼저 136쪽 위 그림을 보면, 성인이 유혹을 이기기 위해 초막 옆 가시나무를 뜯어 몸을 때리고 맨몸으로 덤불 위를 뒹굴자 가시가 사라지고 장미꽃이 피는 기적이 일어납니다. 그 아래 그림은 두 천사의 도움으로 포르치운콜라로 이동하는 성인의 모습에서 시기적으로 오상을 받기 전임에도 오상을 받은 상태로 표현했음을 볼 수

상 장미꽃의 기적. | **하** 두 천사의 도움으로 포르치운콜라로 가는 프란치스코.

있습니다.

다음 그림에서 천사들과 포르치운콜라에 도착한 성인은 탈혼 상태로 성모님과 예수님의 발현을 봅니다. 성인은 세상 모든 이를 위한 완전한 용서인 전대사를 청하지만, 그 방향이 예수님을 직접 향하지 않습니다. 아마도 성인은 자신의 기도가 이루어질 수 있는 더 확실한 방법을 알고 있었던 듯합니다. 예수님께서 당신의 때가 아님에도 어머니의 청을 받아들여 포도주의 기적을 보여 주신 가나의 혼인 잔치처럼, 성인도 엄청난 은총을 청하기 위해 성모님께 도움을 청합니다.

포르치운콜라에서 성모님을 통해 예수님께 전대사를 청하는 프란치스코.

두 손을 뻗어 프란치스코의 기도를 받아들이시는 성모님은 강렬한 눈빛으로 아들이자 주님이신 예수님을 바라보고 계시고, 예수님은 프란치스코를 바라보며 어머니의 청을 받아들여 전대사의 은총을 주시겠다는 축복의 표시를 오른손으로 해 주십니다.

성인은 자신에게 일어난 전대사의 은총을 호노리오 3세 교황을 만나 설명하고 인준을 청합니다. 예루살렘 또는 산티아고 데 콤포스텔라를 순례하거나 십자군에 참전해야 얻을 수 있던 전대사의 은총을 아시시의 작은 경당에서 받을 수 있는 인준을 청하는 것입

호노리오 3세 교황에게 전대사 인준을 청하는 프란치스코.

니다. 교황은 장미의 기적과 포르치운콜라에서 일어난 신비로운 이야기를 듣고 기쁜 마음으로 인준하면서 전대사의 기간을 물어봅니다. 그러자 성인은 주님께서 약속하신 전대사를 일정 기간 동안이 아닌 앞으로 태어날 모든 이들이 받기를 바랐습니다. 그 모습이 아래 그림 속 다양한 인물들로 표현되었습니다. 성인은 세상 끝 날까지 모든 이에게 이 은총이 계속되기 바란 것입니다. 그래서 포르치운콜라를 다른 말로 '천국의 문'이라 부를 수 있게 되었습니다.

아시시로 돌아온 성인은 포르치운콜라 옆에 설교대를 만들어

포르치운콜라에서 전대사를 선포하는 프란치스코.

1부 은총의 빗물 ___ 139

주님께서 약속하시고 교황이 인준한 아시시의 완전한 용서, 전대사를 모든 사람들에게 선포합니다. 대가를 지불하지 않고서도 하느님이 주시는 전대사를 누구나 받게 된 것입니다.

지금도 아시시에 순례를 온 사람들은 날짜에 상관없이 전대사의 은총을 청할 수 있습니다. 또한 이 전대사의 은총은 연옥 영혼들을 위해 양도할 수도 있습니다. 연옥 영혼은 스스로를 위해 기도할 수 없기 때문입니다.

지상에서 보낸 성인의 44년은 짧고 강렬했습니다. 성인은 누구나 좋은 뜻을 가지면 성인이 될 수 있다는 희망을 보여 줬습니다. 성인이 되기 위해 긴 시간이 필요한 것은 아닙니다. 회개는 하느님 안에서 잘못 가던 걸음을 인식하고 올바른 길로 발을 옮기는 것입니다.

회개는 순간이고 하느님의 부르심입니다. 그래서 그 부르심은 아무도 예상할 수 없는 때에 순식간에 찾아옵니다. 바로 그 순간 결단할 수 있는 마음이 필요합니다. 이것은 천국의 문이 하느님의 은총으로 항상 열려 있다는 뜻이기도 합니다. 죽는 순간까지 말입니다.

우리에게 필요한 것은 손에 쥔 바나나를 놓는 용기입니다. 성 프란치스코는 결정의 순간 모든 것을 놓고 하느님을 붙잡았습니다.

예수님께서 모든 이들을 위해 십자가로 구원의 문을 열어 주셨듯이, 성인도 예수님의 고통까지 완전히 닮으며 모든 이가 하늘 나라로 갈 수 있는 '완전한 용서'를 이곳 포르치운콜라에 세상 끝 날까지 열어 놓았습니다.

세상에서 가장 작은 땅 포르치운콜라지만, 이 어찌 가장 복된 땅이라 하지 않을 수 있겠습니까!

성 프란치스코 수도원에서 바라본 아시시.

2장

확신으로 이룬 꿈

중세의 신여성
성 클라라의 생애

신비의 현현
성 클라라회, 성 다미아노 성당에 복음 자리를 틀다

빈자와 순례자를 위한 땅
성 클라라 대성당, 그리스도의 뿌리가 되어

성 클라라의 생애

중세의 신여성

1193년 아시시의 귀족 가문에서 태어난 성 클라라는 성 루피노 대성당의 광장과 맞붙어 있는 집(144쪽 사진 속 노란 화살표 참조)에서 태어나 어린 시절을 보냈습니다. 성 프란치스코 관련 영화를 보면 두 사람이 어린 시절부터 이미 알고 지낸 친구처럼 나오지만, 이는 허구입니다. 프란치스코가 하느님의 부르심을 따라 자신의 길을 찾던 스물두 살에 클라라는 겨우 열한 살이었습니다.

게다가 클라라는 신성 로마 제국의 황제를 지지하는 귀족 가문 출신이었으며, 프란치스코는 아시시의 자치 도시제를 지지하는 보르게시아(자유주의 자본가 시민) 계층이었고, 두 세력은 1199년과 1200년 사이에 아시시에서 무력 충돌을 벌이기도 했습니다. 당시 페루자로 피난을 간 클라라의 가족이 다시 아시시로 돌아왔을 때는 프란치스코가 자신의 형제들과 포르치운콜라에서 수도 생활의

성 루피노 대성당.

기반을 잡아 가던 때였습니다.

1206년 프란치스코가 아버지와의 재판에서 맨몸으로 아시시를 떠난 사건은 아시시 사람들뿐만 아니라 열세 살이던 클라라에게 충격과 감동을 주었습니다. 그러나 클라라에게 프란치스코에 대한 인간적인 걱정도 함께 따라왔습니다. 어린 클라라는 포르치운콜라로 프란치스코를 찾아가 부모에게서 받은 돈을 건네며 고기를 사 먹으라고 권합니다. 구걸로 연명하던 프란치스코에 대한 측은한 마음과 그가 육체적인 힘을 얻길 바라는 마음이 어린 클라라에게 있었던 것입니다.

클라라의 종교적 심성은 어머니인 오르톨라나 피우미에게서 영향을 받았습니다. 그는 클라라에게 기본적인 종교 교육뿐만 아니라, 하느님에 대한 두려움과 공경, 아픈 이들의 고통에 공감하는 마음과 가난한 이들에 대한 물질적 도움 등을 가르쳤습니다. 클라라는 아시시 귀족 집안의 영애였지만, 어머니의 가르침대로 가난한 이들을 찾아 그들처럼 옷을 입고, 음식을 나누어 주었습니다. 이런 클라라가 프란치스코와 같은 삶을 동경했음은 우연이 아닌 필연의 결과일 것입니다. 프란치스코의 설교에 감화를 받은 클라라는 1211년 프란치스코처럼 살겠다는 의지를 밝힙니다. 그의 어머니도 남편의 사후, 클라라의 수도원에 여생을 맡겼습니다.

성 클라라 대성당에 있는 '성 클라라의 생애'를 그린 작품 가운데

좌 주교좌 성 루피노 대성당. | **우** 성 클라라 대성당.

좌/우 부르심(성 클라라 대성당에 있는 판화 일부).

'부르심'에 관한 그림을 보면, 좌측에 주님 수난 성지 주일에 모든 소녀들이 제단에 나가 성지 가지를 받지만 클라라는 자리에서 움직일 수 없어 주교가 내려와 직접 가지를 전해 줍니다. 이는 교회로의 부르심을 표현한 것입니다. 우측 그림은 집에서 도망친 클라라를 프란치스코와 형제들이 포르치운콜라에서 맞이하는 모습입니다.

당시 귀족 영애가 자신의 삶을 선택하는 방법은 같은 귀족 집안과의 통혼 또는 지참금을 들고 성 베네딕토 규칙을 따르는 여성 수도회에 들어가 편히 사는 것이었습니다. 하지만 클라라의 선택은 결혼도, 자기가 받을 유산을 들고 수도원에 들어가는 것도 아니었습니다. 오히려 자신의 몫을 모두 포기하고 오로지 하느님 섭리에 의지하는 프란치스코적 가난이라는 새로운 수도 생활을 선택한 것입니다. 이는 이전의 여성 수도원에는 없었던 모습이며, 그런 연유로 성 클라라는 중세의 신여성이라 할 수 있습니다.

여성들의 수도 생활은 이른 시기부터 있었지만, 독립된 여성 수도원장의 등장은 성 클라라 시대에 와서야 볼 수 있었습니다. 성 베네딕토가 수도원을 세울 때, 동생인 성 스콜라스티카가 근처에 머물며 수도 생활을 한 기록이 있지만, 이는 독립된 여성 수도원이 아닌 베네딕토 규칙을 따르는 남성 수도원의 하부 조직으로 따로 모여 사는 여성 공동체였으며, 봉쇄된 공간에서 드러나지 않게 생활하는 형태였습니다.

좌/우 클라라의 결연한 자기 봉헌(성 클라라 대성당에 있는 판화 일부).

클라라의 기도로 동생 아녜스의 몸은 돌보다 무거워졌고, 친척이 때리려던 손은 허공에 멈춰졌다.

클라라는 1212년 성지주일인 3월 18일 밤, 부모의 반대를 무릅쓰고 집을 나와 프란치스코와 형제들이 머물던 포르치운콜라로 가서 세상의 것을 버리고 자신을 하느님께 봉헌하는 의미로 머리카락을 자르고 귀족의 옷을 벗어 버린 후 회개의 표식인 누더기 옷을 걸치는 착복식을 가졌습니다. 프란치스코는 바스티아의 성 베네딕토 수녀원에 클라라의 거처를 마련해 주었습니다.

클라라의 아버지는 친척들을 동원해 큰딸을 데리러 수녀원으로 찾아갔지만, 클라라가 제대포를 붙잡고 자신의 잘린 머리카락을 보여 주며 자신이 하느님의 사람임을 선언하자 결국 마음을 돌렸습니다.

얼마 후에는 동생 아녜스도 언니를 좇아 수녀원으로 갔습니다. 아버지는 둘째 딸마저 잃을 수 없다는 심정으로 더 많은 사람을 데려가 끌고 오려 했지만, 클라라의 기도로 아녜스의 몸이 돌처럼 무거워져 끌려가지 않았고, 그를 때리려 한 친척의 팔이 허공에서 굳어 움직이지 않았다고 합니다. 이렇게 동생 아녜스도 성 클라라를 따르는 첫 번째 영적 자매가 되었습니다.

회칙 인준서를 받은 최초의 여성 수도원

클라라의 베네딕토 수녀원 생활은 채 1년도 가지 못했습니다. 정형화되고 안정된 베네딕토 수녀원 생활이 자신의 이상과 맞지 않음을 깨달은 클라라는 아녜스와 자신을 따르는 자매들을 이끌고 프란치스코의 가르침을 따르기로 했습니다. 이들은 프란치스코가 성 다미아노 십자가에서 예수님의 말씀을 듣고 수리한 성 다미아노 성당으로 거처를 옮겨 프란치스코가 써 준 '생활 규칙'을 따르며 복음적 가난의 정신을 바탕으로 한 새로운 수도 생활을 시작했습니다.

성 클라라 수도원은 베네딕토 규칙이 아닌 고유의 수도 규칙으로 설립된 첫 번째 여성 수도원이라 할 수 있습니다. 프란치스코처럼 예수님을 따르는 삶을 원했던 클라라는 프란치스코가 준 생활 규칙으로도 큰 기쁨을 얻었습니다. 클라라는 이를 바탕으로 자신의 기도와 수도 생활에 더 적합한 수도 규칙의 인준을 교황에게 받고자 했으나, 당시 이는 매우 어려운 일이었습니다.

당시 모든 여성 수도원은 성 베네딕토 규칙서 외에 고유한 규칙서를 써 본 적도 없고, 필요성도 느끼지 못했습니다. 무엇보다도 1215년 제4차 라테라노 공의회에서 인노첸시오 3세 교황은 자신이 인준한 성 프란치스코회와 성 도미니코회 이외에는 더 이상 새로운 수도회의 인준은 없다고 공표했으며, 혹여 새로운 수도회가 생기더라도 기존의 성 베네딕토 규칙서를 사용해야 한다고 결정했습니다.

클라라는 수차례 자신들의 수도 규칙서를 인준받고자 시도했지만, 교회는 공의회의 결정을 뒤집으려 하지 않았습니다. 하지만 수도회의 인준은 성령 하느님께서 보여 주시는 일이었습니다. 1253년 8월 9일 성 클라라회의 인준이 갑작스레 이루어졌습니다. 당시 페루자 근처에 머물던 교황이 클라라의 임종이 가까워졌다는 소식을 듣고, 그 자리에서 성 클라라회 수도 규칙의 인준서를 적어 보냈습니다. 클라라는 이 인준서에 입을 맞추고 기뻐했으며, 이틀 후인 8월 11일 선종했습니다.

성 클라라회, 성 다미아노 성당에 복음 자리를 틀다

신비의 현현

성지에서 만나는 하느님의 자비

성지聖地, 성스러운 장소는 하느님께서 당신 신비를 드러내신 곳입니다. 초기 교부들이 처음 만든 단어인 **신비**Misterium는 인간의 이성과 노력으로 볼 수 있는 영역이 아닌, 짙은 안개와 구름이 흩어져 눈앞에 뜻밖의 세상이 펼쳐지듯 하느님께서 당신의 거룩하신 현존을 드러내시는 자비의 영역입니다. 불타는 떨기나무에서 당신을 드러내신 주님께서 모세가 서 있는 곳을 거룩한 땅이라고 말씀하시자 모세는 하느님 뵙기가 두려워 얼굴을 가렸습니다(탈출 3장 참조). 주님께서 당신을 드러내시는 순간 사람에게는 기쁨과 두려움 등 여러 감정이 교차하지만 결국 하느님의 자비하신 사랑만 남습니다. 불타는 떨기 속 하느님처럼, 그분께서는 성 다미아노 성당에서 성 프란치스코에게 당신 모습을 드러내셨고, 성 프란치스코와 성 클라라의 삶으로 당신 현존을 우리에게 보여 주셨습니다.
"프란치스코야, 가서 허물어져 가는 나의 교회를 고쳐 세워라."

　시리아의 의사이자 순교자인 성 다미아노에게 봉헌된 이 성당은 8-9세기에 처음 지어졌고, 1030년까지 성 베네딕토 수도원의 주요 성당으로 사용되었으나, 점차 훼손되었습니다. 12세기 익명의 이콘 화가가 비잔틴 양식으로 만들었으며, 성 프란치스코가 기도 중 예수님의 음성을 들은 이 성당의 십자가는 성당의 이름을 붙여 '성 다미아노 십자가'라고 부릅니다. 이 십자가는 성 클라라의 선종 후 1257년 수도회와 함께 성 클라라 대성당으로 옮겨졌습니다. 현재 성 다미아노 성당에 있는 것은 모조품입니다.
　성 클라라는 1212년 말부터 선종할 때까지 이곳에 머물렀습니다. 성인은 성 프란치스코의 가난의 정신, 하느님의 섭리에 온전히 의탁하는 절대적인 믿음을 봉쇄와 관상 수도 생활로 보여 줬습니다. 성 프란치스코가 구걸을 하며 사랑이신 하느님의 현존을 증언했다면, 성 클라라는 하느님께 구걸하여 이웃에게 받은 음식으로 하느님의 현존을 증언하는 섭리의 기적을 보여 주었습니다.

성 다미아노 성당과 수도원의 평면도

　성당의 정면은 둥근 창을 중심으로 한 최초의 원형을 잘 보여 줍

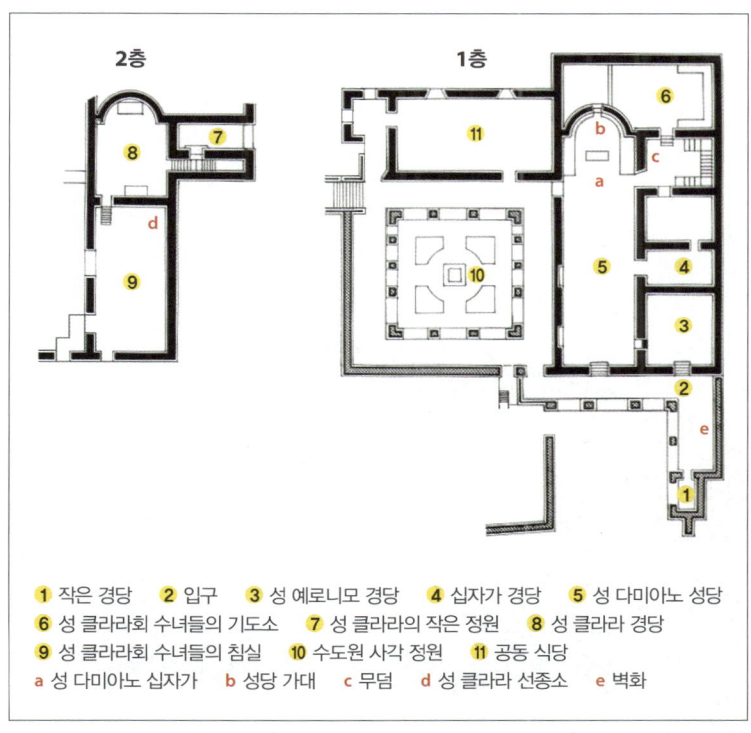

성 다미아노 성당과 수도원 평면도.

니다. 시간이 흐르면서 확장된 부분은 벽돌의 색이 달라 구분할 수 있습니다(156쪽 사진 참조). 둥근 창의 좌측 위에는 성 클라라가 살아 있을 때 사용했던 수도원 출입문이 있습니다. 엄격한 봉쇄 수도원임을 보여 주듯, 수도자들은 들어 올릴 수 있는 나무 계단을 만들어 이 문으로 출입했습니다.

성 다미아노 성당 마당에는 성광을 들고 있는 성 클라라 동상이

성 다미아노 성당 정면.

좌 성체가 든 성광을 들고 있는 성 클라라 동상. | **우** 성 클라라의 성체 기적 그림.

있습니다. 성 클라라 대성당 크립타에도 성 클라라의 성체 기적을 담은 그림이 있습니다. 이는 아시시를 침공한 사라센 군대에 맞선 성 클라라를 표현한 그림입니다. 신성 로마 제국의 프리드리히 2세 황제는 동맹인 사라센군을 보내 아시시를 침공했습니다. 성 클라라는 힘없는 자신과 자매들을 보호해 달라고 청하며 성체 앞에서 간절히 기도한 후, 예수님의 성체를 모신 성광을 들어 보였습니다. 그러자 성체에서 신비로운 빛이 뻗어 나와 군인들을 쫓아 버렸습니다.

이 기적에서 중요한 것은 사라센군을 쫓아낸 것이 아니라 성체 안에 현존하시는 예수님께서 당신의 신비를 믿는 사람뿐만 아니라

좌 광장 우측의 프레스코 벽화. | **우** 오타비아노 넬리의 프레스코화.

믿지 않는 사라센인들에게도 드러내 보이셨다는 점입니다.

> "그분께서는 악인에게나 선인에게나 당신의 해가 떠오르게 하시고, 의로운 이에게나 불의한 이에게나 비를 내려 주신다. 그러므로 하늘의 너희 아버지께서 완전하신 것처럼 너희도 완전한 사람이 되어야 한다."(마태 5,45.48).

광장 우측에는 성 클라라와 성 프란치스코, 성 다미아노와 성 루피노의 프레스코 벽화가 있습니다. 맨 우측 작은 경당에는 오타비아노 넬리의 프레스코화도 있습니다. 옥좌에 앉아 아기 예수님을 끌어당기듯 안고 있는 성모님 양옆에 성 프란치스코와 성 클라라가 서 있는 모습입니다.

성 예로니모 경당

수도원 입구로 들어서면 가장 먼저 만나는 경당은 성 프란치스코의 지시로 작은 형제들이 클라라 공동체를 돕기 위해 머물던 곳입니다. 정면에는 아시시의 티베리오가 1517년에 그린 프레스코 화가 있는데, 중앙에는 아기 예수님을 무릎 위에 놓고 기도하는 성모님, 양옆에는 성인들이 그려져 있습니다. 좌측부터 시에나의 성 베르나르디노, 성 예로니모, 성 프란치스코와 성 클라라, 가장 우측에는 무릎을 꿇고 기도하는 수녀의 모습도 보입니다. 좌측에는 1522년 흑사병 환자들의 수호성인인 성 세바스티아노와 성 로코를 그린 벽화가 있습니다.

성 예로니모 경당의 프레스코 벽화.

십자가 경당

십자가 경당에는 페트랄리아의 인노첸시오(1592-1648년) 수사가 사실적으로 표현한 목각 십자가가 있습니다. 조각가이기도 했던 그는 이탈리아 곳곳에 자신의 십자가를 만들었으며, 나자렛 성모의 집이 보존되어 있는 로레토 대성당에도 그의 작품이 있습니다. 17세기에 만들어진 이 십자가는 성 다미아노의 십자가와는 정반대인 예수님을 보여 줍니다. 성 다미아노 십자가의 예수님은 십자가에 못 박혀 피를 흘리시면서도 얼굴에는 고통이 보이지 않고 눈도 선명히 뜨고 계십니다. 몸도 비틀리지 않은 채 벌리신 양팔로 우리 모두를 안으려 기다리시는 것 같습니다. 예수님의 신성과 인성, 두 본성 중 영원히 살아 계시는 신성의 예수님, 하느님이신 예수님이

좌 인노첸시오 수사의 나무 십자고상. | **우** 성 다미아노 십자가.

십니다. 반면 인노첸시오의 십자가는 고통받는 인간으로서의 예수
님을 보여 줍니다. 우리 모두를 위해 희생하고 고통받으신 이미지
를 담은 바로크식 표현입니다.

성 다미아노 성당 내부

성 다미아노 성당 내부는 가로 3미터, 세로 10미터의 긴 형태이
며, 제대 쪽에는 성 다미아노 십자가의 모조품이 걸려 있습니다.
그 뒤에는 제대와 수사들이 기도하는 가대가 있습니다. 1504년 제
작된 목조 가대에는 우리의 기도가 어때야 하는지를 표현한 문구
가 새겨져 있습니다.

Non vox sed votum,	목소리가 아닌 서약을,
non clamor sed amor,	외침이 아닌 사랑을,
non cordula sed cor,	악기가 아닌 마음을,
psallatinaure Dei.	하느님 앞에서 노래하십시오.
Lingua consonet menti,	입술이 영혼에 반향되고,
et mens concordet cum Deo.	마음이 하느님과 일치되도록 하십시오.

성 클라라 시절에는 쇠창살로 막혀 있었던 가대 뒤쪽은 클라라
와 수녀들이 미사 중 영성체를 하던 곳입니다. 현재 이 쇠창살은
성 클라라 대성당의 성 다미아노 십자가가 있는 경당 우측에 있습
니다.

성 다미아노 성당 내부.

가대 우측 문을 통과하면 좌측에 초기 성 클라라회 수녀들의 유해를 안치했던 곳이 있습니다. 우리 문화로는 이해하기 쉽지 않은 모습입니다. 유교는 예를 지키는 것을 중요시하지만 사후 세계에 대한 개념이 없었기 때문에 죽음 이후에 관한 답은 찾기 어려웠습니다. 그래서 죽음은 두렵고 피하고 싶은 것이었으며, 죽은 사람을 모시는 장소도 집에서 멀리 떨어진 곳으로 정했을지도 모릅니다.

하지만 부활이 핵심인 그리스도교인들에게 하나의 지나감에 불과한 죽음은 두려움의 대상이 아니었습니다. 그래서 마을 인근에 무덤을 마련했고, 수도자들은 수도원 안에 무덤을 만들어 함

성 다미아노 성당에서 들어오는 문과 초기 수녀들의 유해 안치소.

께 기도했습니다. 묘지를 뜻하는 영어 'Cemetery'의 어원인 라틴어 'Coemeterium'은 죽은 이들이 잠자는 곳, 쉬는 곳, 부활을 기다리는 곳이라는 의미입니다.

제대 옆에 마련된 이 무덤은 주님의 부활로 우리의 부활을 희망하는 믿음의 장소였습니다. 이곳에는 성 클라라의 동생 아녜스와 어머니 오르톨라나의 유해를 안치했었으나, 현재는 모두 성 클라라 대성당 안, 성체의 소성당으로 옮겨졌습니다.

무덤과 이어진 문을 통과하면 성 클라라와 수녀들이 기도했던 목조 가대가 있는 **작은 기도소**가 있습니다. 좌측에는 제대와 제단화, 우측으로 기도석이 있습니다. 다듬지 않은 투박한 목조 독서대와 기도석은 성 클라라 생전으로 우리를 안내하는 듯합니다. 수도원의 심장인 이곳은 기도란 하느님을 향한 찬미와 경이傾耳, 신랑이신 예수님을 기다리는 애독과 묵상이라고 말해 줍니

상/하 작은 기도소.

다. 성인이 하루의 시작인 자정에 이곳에서 촛불을 밝히고 자매들을 초대했듯, 이곳은 스승이신 예수님께로 안내하는 기도의 시간으로 우리를 초대합니다.

성 클라라 경당이 있는 2층과 연결된 계단을 오르면, **성 클라라의 작은 정원**으로 통하는 작은 문이 나옵니다. 수도원 밖으로 나갈 수 없었던 성인과 자매들은 이곳에서 움브리아의 평야와 계곡을 바라보며 기도했습니다.

전승에 의하면 성 프란치스코는 라 베르나산에서 오상을 받은 후 선종하기 1년 전, 이곳 아래에서 그 유명한 「피조물의 찬가」를 썼다고 합니다. 시력을 잃은 상태에서도 그토록 아름다운 찬미가를 불렀다는 것은 육안이 아닌 혜안으로 보이는, 하느님과 함께하는 조화로운 진짜 세상을 찬미한 것입니다.

좌 계단 옆 작은 정원으로 나가는 문. | 우 문밖에 있는 성 클라라의 작은 정원.

계단을 끝까지 오르면 성 다미아노 성당 제대 바로 위층에 만들어진 **성 클라라 경당**으로 들어갑니다. 성인은 1224년부터 선종할 때까지 29년간 병상에서 수도 생활을 했기에, 성인이 기도하고 미사를 드릴 수 있도록 가까운 곳에 경당이 필요했을 것입니다. 성인에게 가장 중요했던 것은 성체성사가 이루어지는 미사였기 때문입니다. 경당의 제대 앞 바닥에는 성 다미아노 성당의 가대를 볼 수 있는 사각형의 목조 덮개가 있습니다. 이 구멍은 등을 내려보내는 목적으로 만들었지만, 성인이 미사 소리를 듣고, 사제가 올려 주는 성체를 영하는 통로이기도 했습니다.

제대 좌측에는 벽을 파서 만든 감실이 있고, 성인은 성체를 모신

성 클라라의 경당. 빨간 동그라미 표시는 성 다미아노 성당 가대를 볼 수 있는 목조 덮개.

이 감실 앞에서 선종할 때까지 자매들과 함께 기도했습니다. 감실 좌측 하단에는 성인이 자매들과 함께 무릎을 꿇고 기도하는 프레스코화가 있습니다. 감실 안에는 아기 예수님이 계십니다.

성 클라라는 성체 안에 계신 예수님의 현존을 굳게 믿었으며, 앞서 기술한 성체 기적으로 사방이 막힌 수도원 안이 아닌 외부로도 그 믿음을 드러냈습니다. 이는 '볼세나의 기적'(1263년) 이전에 빵의 형상 안에 계신 예수님을 드러내 보인 기적입니다.

제대 앞쪽 출구로 나가 계단을 오르면 성 클라라와 자매들의 침실이 나옵니다. 지붕의 기와가 바로 보이는 이곳은 겨울에는 얼음이 얼 정도로 춥고, 여름에는 한증막처럼 더웠을 것입니다. 하지만 바위 사이에서 즐겨 잠을 자던 성 프란치스코를 생각하면, 와병 중이던 성 클라라는 이런 고통조차 사치라 여겼습니다.

1252년 지상에서 마지막 성탄을 맞이한 성인은 이곳에서 탈혼 상태에 빠져 성 프란치스코 대성당에서 이뤄지던 성탄 미사를 환시 중에 보았습니다. 이러한 이유로 비오 12세 교황은 1954년 성 클라라를 텔레비전의 주보성인으로 선포했습니다. 오랜 기간 병상에서 생활한 성인은 성 클라라회에 맞갖은 특별한 영성을 위해 기도와 하느님 체험 속에서 오랜 시간 규칙서를 작성하고 인준을 기다렸습니다. 그리고 선종 이틀 전, 기쁜 마음으로 인준된 규칙서를 받아 볼 수 있었습니다. 설립자가 선종하기 전 수도회 인준을 공식적으로 받은 것은 성 클라라회의 기쁨이자 앞으로 교회 안에서 탄생할 다양한 카리스마를 가진 여성 수도회를 위한 하느님 은총의 시작이기도 했습니다.

성 프란치스코 선종 27년 후인 1253년 8월 11일 저녁, 성 클라라는 "저를 창조하신 주님, 당신은 찬미받으소서."라는 마지막 감사 기도를 드린 후 하늘 나라에 태어났습니다.

성 클라라 대성당의 '성 클라라의 생애' 그림 중에는 성인의 유해를 모신 곳에서 한 자매가 본 환시의 그림이 있습니다. 하늘의 여왕이신 성모님께서 한 무리의 동정녀와 함께 클라라가 누워 있

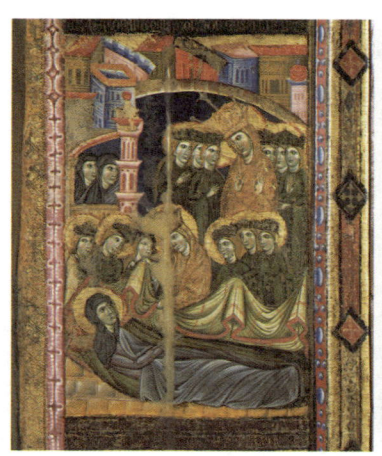 

좌 성인의 유해가 모셔져 있는 곳에서 본 한 자매의 환시. | **우** 성 클라라의 장례식.

는 곳에 들어오셔서 빛나고 아름다운 천으로 성인의 유해를 감싸는 모습입니다.

또한 성인의 선종이 알려지면서 아시시에서 몰려든 많은 이들과 인노첸시오 4세 교황, 추기경들이 장례 예식을 하는 그림도 있습니다.

성 클라라가 선종한 자리에 있는 나무 십자가.

성 클라라가 선종한 방 벽에는 15세기의 나무 십자가가 걸려 있고, 침실 창문은 봉쇄 수도원답게 사각 정원 방향으로 나 있습니다.

계단을 내려가면 수도원 생활의 중심인 **사각 정원**으로 들어섭니다. 회랑 지붕은 빗물이 정원 쪽으로 떨어지도록 기울어 있고, 정원 바닥 아래에는 집수장이 만들어져 있습니다.

회랑의 천장은 정원 쪽으로 기울어진 목재 구조에 벽돌 기와를 얹었습니다. 의미를 부여하며 만든 시토회의 사각 정원과 달리 프란치스코의 가난의 정신, 단순함이 묻어나는 정원입니다. 사각 정원의 중심에는 저장한 빗물을 길어 올릴 수 있는 우물이 있습니다. 우물은 마르지 않는 샘, 예수 그리스도의 상징입니다.

성 클라라가 선종한 침실의 창문에서 내려다본 사각 정원.

회랑 바깥쪽에서 본 사각 정원.

이 사각 정원은 수도원 **공동 식당**으로 이어집니다. 검소한 식사를 말해 주듯 아무 장식 없는 투박한 나무 의자와 식탁은 성인과 자매들이 사용했던 것들입니다. 식탁 우측 끝 꽃이 놓인 자리가 성인이 건강했을 때 식사를 하던 자리였습니다.

1228년 그레고리오 9세 교황이 프란치스코 시성식 후 이곳에서 식사를 하면서 성 클라라에게 식사 전 기도를 부탁했습니다. 성인이 십자성호를 그으며 기도하자 식탁의 빵에 십자 표시가 나타났다고 합니다. 이 빵의 기적은 성체 안에 계신 예수님의 또 다른 표징이었습니다. 식당의 벽에는 이 장면을 담은 그림이 있습니다.

좌 성 클라라 당시 수녀원 식당의 식탁과 의자. | **우** 성 클라라가 앉아서 식사하던 곳.

빵이 늘어나는 기적(성 클라라 대성당).

한번은 수도원 식사 시간에 빵이 하나밖에 없었습니다. 성인은 그 한 덩어리마저 반을 잘라 프란치스코 형제들에게 보냈고, 나머지 반을 50조각으로 잘라 식탁에 앉은 자매들에게 나눠 주었습니다. 성인의 강한 믿음과 하느님을 향한 간절한 기도로 바구니의 빵 조각 50개가 각각 온전한 하나의 빵으로 나와 모두가 충분히 식사를 할 수 있었습니다.

수도원을 나와 조그만 광장에 서서 천사들의 성모 마리아 대성당 너머 성 프란치스코가 형제라고 부른 태양의 노을을 바라봅니다. 성인들은 예수 그리스도를 증언한 사람들입니다. 제2의 그리스도라고 불릴 만큼 예수님을 닮으려 했던 성 프란치스코는 성경의 예수 그리스도를 자신의 삶으로 세상에 드러냈습니다. 성 클라라는 평생 밖으로 나갈 수 없는 이 작은 수도원에서도, 성체의 기적으로 예수님의 현존을 그리스도인들과 이교인들에게 수차례 증

천사들의 성모 마리아 대성당을 바라보는 성 프란치스코 동상.

언했습니다. 각각의 삶으로도 그리스도를 드러내기 충분하지만, 이 둘의 이야기를 합치면 더욱 온전히 예수 그리스도를 드러냅니다. 마치 미사처럼요.

미사는 주님께서 당신의 모습을 드러내시는 자비의 시간입니다. 말씀 전례에서는 성경에 살아 계신 예수님께서 우리의 눈과 귀로 우리에게 오시고, 성찬 전례에서는 성체 안에 살아 계신 예수님께서 우리 몸으로 직접 들어오십니다. 미사의 이 두 부분이 성 프란치스코와 성 클라라의 삶과 겹쳐서 보이지 않나요? 말씀 전례는 성 프란치스코, 성찬 전례는 성 클라라의 삶과 닮았습니다. 서로 다른 삶으로 한 분이신 그리스도를 증언하며 성 프란치스코, 성 클라라는 주님과 온전히 하나가 되고 있습니다.

"하늘의 너희 아버지께서 완전하신 것처럼 너희도 완전한 사람이 되어야 한다."(마태 5,48).

성 클라라 대성당, 그리스도의 뿌리가 되어

빈자와 순례자를 위한 땅

성 클라라 대성당의 약사

서쪽 끝에 성 프란치스코 대성당과 동쪽 끝에 성 클라라 대성당을 둔 아시시는 마치 두 성인의 축복과 보호를 받고 있는 듯합니다. 1111년의 문서에는 현재 성 클라라 대성당 자리에 성 조르조 성당이 있었습니다. 이곳은 가난한 이들을 위한 병원과 주교좌 사제단 학교가 딸려 있던 아시시 바깥 성벽과 가장 가까운 성당이었습니다. 병원은 주교좌 성당 성 루피노 병원이라 불리다가 후에 성 조르조 병원으로 불리면서 가난한 이들과 순례자를 위한 장소로 사용되었습니다. 도시로 들어오는 곳에 병원을 세워, 아프고 병든 사람을 돌보는 동시에 외부에서 유입될지도 모르는 전염병의 위험에서 마을을 지키는 일거양득의 효과를 거둘 수 있었습니다.

성 프란치스코의 유해는 1226년 10월 3일 선종 후 대성당으로

올리브밭과 붙어 있는 석양의 성 클라라 대성당과 수도원.

옮겨지기 전까지 3년 반 동안 성 조르조 성당의 제대 밑 크립타에 안치되었습니다. 1228년 7월 16일 프란치스코는 그레고리오 9세 교황에 의해 시성되었고, 같은 자리에 1253년 8월 11일에 선종한 성 클라라의 유해가 안치됩니다. 그러면서 성 다미아노 성당에 머물던 성 클라라회 수녀들도 설립자를 모신 성 조르조 성당으로 수도원을 옮기고자 했습니다. 1257년 알렉산드로 4세 교황(재위 1254-

1261년)의 중재로 성 클라라회가 성 조르조 성당을 소유하게 되자 아시시의 주교는 성 클라라를 기념할 새로운 성당 건축을 결정했습니다. 캄펠로의 필립보 수사가 감독을 맡은 성당 공사는 10년도 채 걸리지 않아 1265년 완공되어 클레멘스 4세 교황(재위 1265-1268년)에게 성 클라라 대성당이라는 이름으로 축성을 받았습니다.

성 조르조 성당에 있던 성 클라라의 유해는 1260년 10월 3일 성 클라라 대성당 완공 전에 현재의 중앙 제대 아래로 옮겨졌습니다. 그때는 지금처럼 내려갈 수 있는 크립타가 없었고, 제대 계단의 구멍으로 석관을 볼 수 있었습니다. 1365년에는 성 클라라의 유해를 안치한 대성당을 아시시성 밖에 둘 수 없다는 이유로 아시시성 벽을 대성당 밖으로 연장하면서 새 성문을 만들어 성 조르조 성문은 도시 안으로 들어와 성문의 기능을 잃었습니다. 1912년 8월 9일 비오 10세 교황은 이 대성당을 '작은 바실리카 Basilica Minore'로 승격시켰습니다.

성 조르조 성문.

바실리카(Basilica)

바실리카Basilica는 큰Maggiore 바실리카와 작은Minore 바실리카로 나뉩니다. 로마의 4대 성당(성 베드로, 성 바오로, 라테라노의 성 요한, 성모 마리아 대성당)을 지칭하는 '큰 바실리카'라는 칭호는 1300년 최초의 성년을 반포한 보니파시오 8세 교황 때 처음 등장합니다. 이곳은 모두 전대사와 관련된 곳으로 이때에는 성 베드로와 성 바오로 대성당 두 곳만을 큰 바실리카라고 불렀으나, 다음 성년(1350년), 클레멘스 6세 교황이 라테라노 대성당을 추가했습니다. 그후 1390년에는 성모 마리아 대성당이 추가되었습니다. 이 네 곳의 대성당은 각각 성문聖門을 갖고 있고, 전대사를 받기 위해 순례해야 했던 곳입니다.

교황 교서로 인준되는 존경의 호칭인 '작은 바실리카'는 '교황의 작은 바실리카Basilica Minore Papale', '교황청 작은 바실리카Basilica Minore Pontificiale' 그리고 '일반 작은 바실리카Basilica Minore'의 세 가지로 호칭이 나뉩니다.

교황의 작은 바실리카로는 아시시의 성 프란치스코 대성당, 천사들의 성모 마리아 대성당이 있습니다. 교황청 작은 바실리카로는 바리의 성 니콜라오 대성당과 로레토의 성스러운 성모의 집 대성당, 파도바의 성 안토니오 대성당, 폼페이의 로사리오의 성모 마리아 대성당이 있습니다. 이곳들은 교황청이 직접 관리하므로 교황청 정복을 입은 사람이 일하는 것을 볼 수 있습니다.

주교좌 성당은 교구의 중요한 성당입니다. 교황은 교구의 많은 신자들이 공경하는 성인의 유해를 모시고 있거나 기도의 장소로 중요한 역할을 하는 성당에 교황의 칭호를 부여해 교황과 지역 교회의 유대를 보여 줍니다. 작은 바실리카 호칭을 받기 위해서는 이 성당이 교구의 전례와 사목의 중심이어야 하고, 공경받는 성인의 유해가 있어 명성을 유지하며, 성체성사와 고해성사가 이루어져야 합니다. 작은 바실리카에서는 매년 1회 성당 축성 기념일이나 성인 기념일 등에 전대사를 받을 수 있습니다. 또 작은 바실리카는 성당 정면에 베드로 사도가 예수님께 받은 수위권의 상징인 천국의 열쇠와 교회의 열쇠가 교차된 교황 문장을 사용할 수 있습니다. 바실리카 호칭을 받은 성당은 전 세계적으로 1,600여 곳이 있으며, 그중 3분의 1인 583곳이 이탈리아에 있습니다.

성 클라라 대성당의 평면도

고딕 양식의 정면은 성 프란치스코 대성당 2층과 거의 쌍둥이처럼 보일 정도로 흡사하지만, 훨씬 단순하고 의미 있습니다. 고딕의 상징인 장미창이 이중으로 세밀하게 만들어졌고, 하나의 출입구를 지키는 두 마리의 사자는 예수님을 상징함과 동시에 이 문으로 들어갈 자격이 있는지 방문자에게 묻는 듯합니다. 건물에는 아시시 주변에서 나는 붉은색 대리석과 석회가 섞인 흰색 석재를 사용해

성 클라라 대성당 정면. 오른편에 있는 문이 성 클라라 수도원 출입구이다.

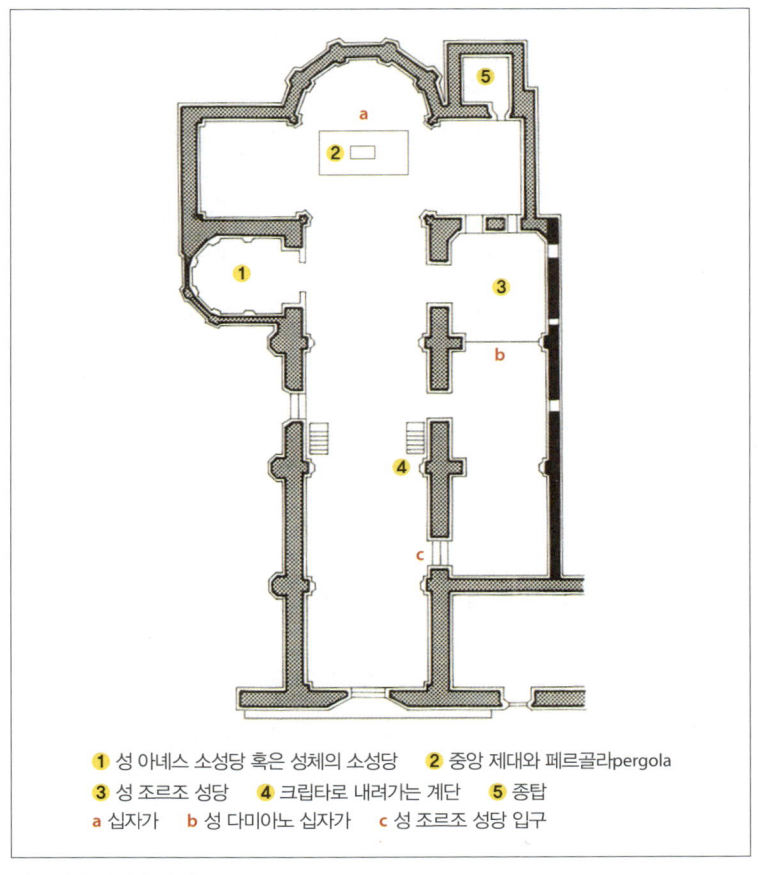

성 클라라 대성당 평면도.

두 가지 색으로 예수님의 인성과 신성을 표현했습니다. 고급스러운 붉은색은 예수님의 고귀함을, 일반 가정에서 흔하게 사용하는 흰색은 하느님이시면서 인간의 몸을 취하시어 모습을 드러내신 예수님의 가난을 상징합니다. 돌이라는 재료로 예수님의 본성을 드러내어 우리를 맞이하는 이 성당을 교회의 칠성사에 더해 '건축의 성사'라 부르고 싶습니다.

성당 우측에 덧붙여 만들어진 성 클라라 수도원에서는 성 클라라가 만 60세에 선종한 것을 기억이라도 하듯 60명의 클라라회 수도자들이 세상 모든 이들을 위해 기도하며 봉쇄 수도 생활을 하고 있습니다. 고딕 건축의 특징인 좌측 버팀기둥은 성당의 무게 균형을 맞추기 위해 1351년 추가로 지어졌습니다. 성 클라라 대성당 뒤편에서 볼 수 있는 아름다운 종탑은 1926년 재건축한 것으로 아시시에서 가장 높은 종탑입니다.

라틴 십자가 형태의 성당 내부는 기둥이 없는 하나의 본당으로 넓은 공간을 확보한 전형적인 수도원 성당의 모습입니다. 측면의 소성당들은 14세기 초에 성당 벽에 덧붙여 건축되었습니다. 성당 벽에는 성 클라라의 생애에 관한 프레스코화가 있었으나 세월의 무게와 잦은 지진으로 손상되어 일부만 남아 있습니다.

성 아녜스 소성당에는 성 클라라의 동생이며 그와 같은 해에 선종한 아시시의 성 아녜스(1197-1253년)의 유해를 안치했습니다. 1999-2001년의 복원 공사 후에는 감실을 두어 성체의 소성당이라고도 부릅니다.

중앙 제대와 제대를 둘러싸고 있는 페르골라와 철제 구조물.

중앙 제대는 사제석과 성가대를 분리해 제대의 중요성을 강조함과 동시에 제대 아래 성인의 유해를 보호하기 위한 강철 구조물과 연결된 15세기 석조 구조물인 '페르골라Pergola'가 있습니다. 12개의 짙은 붉은색 팔각기둥은 이곳이 얼마나 고귀한 곳인지 보여 주는 듯합니다. 제대 아래 두 번째 계단에 있는 구멍은 성 프란치스코 대성당과 마찬가지로 중앙 제대 아래의 석관을 보기 위해 1260년에 뚫은 것입니다. 1260년경 베네데타 수도원장의 의뢰로 제대 위에 만들어진 고통스러워하시는 예수님이 그려진 이콘형 십

1부 은총의 빗물 ___ 183

좌/우 성 클라라의 생애.

자가에는 성 프란치스코와 성 클라라 그리고 의뢰자인 수녀원장이 함께 그려져 있습니다.

제대 좌측 회랑에는 13세기 '성 클라라의 명인'이 그린 **'성 클라라의 생애'** 그림이 있습니다. 나무 패널 중앙에 성 클라라와 양편에 네 장씩 여덟 가지 이야기가 그려져 있습니다.

성 다미아노 십자가가 있는 경당은 성 클라라 대성당 이전에는 성 조르조 성당의 일부였습니다. 제대가 있는 후면 벽에 14세기 중반 푸치오 카판나가 그린 프레스코화에는 아기 예수님과 옥좌에 앉아 계신 성모님 좌우에 성 클라라, 성 요한 세례자, 성 요한 사도, 성 프란치스코의 모습이 있습니다.

그 위에는 같은 시기에 피에트로 로렌제티의 제자들이 그린 십자가에서 내려지시는 예수님, 무덤에 묻히시는 예수님, 부활하신 예수님의 그림이 있습니다. 좌측 벽에는 조토의 공방에서 그린 예수님 탄생 프레스코화도 볼 수 있습니다. 이곳에 성 프란치스코의 유해가 3년간 잠들어 있었고, 성 클라라의 유해도 현재의 중앙 제대로 옮기기 전까지 같은 자리에 안치되어 있었습니다.

제대 위 공중에는 성 프란치스코가 다미아노 성당에서 기도 중에 예수님의 음성을 들었던 **성 다미아노 십자가 진품**이 매달려 있습니다.

십자가에 못 박히신 예수님의 손과 발, 옆구리에서 피가 흘러내리고 있지만 다미아노 십자가에서 가장 강하게 느껴지는 것은 죽음의 슬픔과 고통이 아닌, 예수님께서 죽음을 이기시고 부활하시는 기쁨의 순간입니다. 예수님의 얼굴에서 고통은 찾아볼 수 없고, 오히려 두 눈을 크게 뜨고 계십니다. 우측으로 살짝 기울어진 머리는 당신을 보내신 성부의 뜻을 이해하시고 모든 것을 이루셨다는 의미인 듯합니다. 머리 뒤의 후광이 이 모든 것을 증명하듯 밝게 빛나고, 예수님 곁의 사람들과 천사들에게서도 어떤 슬픔도 찾아볼 수 없습니다. 오히려 그들은 십자가의 신비를 이해한다는 듯 서

경당 내부의 성 다미아노 십자가.

로 이야기를 나누는 것처럼 보입니다.

　예수님 팔 아래의 다섯 사람은 십자가에 못 박히신 예수님을 본 증인이기에 다른 사람에 비해 크게 표현되어 있습니다. 좌측 두 명은 성모님과 성 요한 사도, 우측 세 명은 성 마리아 막달레나, 작은 야고보의 어머니인 마리아 그리고 "참으로 이 사람은 하느님의 아드님이셨다."(마르 15,39)라고 고백한 백인대장입니다. 백인대장의 이 한마디는 예수님께서 아직 살아 계시다는 증언입니다.

　성모님 아래 작게 그려진 이는 예수님의 옆구리를 창으로 찔렀던 병사이자 훗날 순교자가 된 성 론지노입니다. 백인대장 아래 작은 사람은 같은 병사이자 예수님께 신 포도주를 해면에 적셔 입을 적셔 드렸던 스테파톤입니다.

　발아래 여섯 명은 움브리아 지방의 수호성인인 성 요한 사도, 성 미카엘, 성 루피노, 성 요한 세례자, 성 베드로와 성 바오로로 추정됩니다. 훼손 상태가 덜한 두 사람에게는 후광도 보입니다.

　예수님 양팔 끝의 여섯 천사들도 슬퍼하기보다는 이 놀랍고 영광스러운 광경을 서로 이야기하며, 십자가를 바라보는 우리를 살아 계시며 양팔을 벌려 모든 이를 맞이하시는 예수님께 초대하는 듯합니다.

　예수님 머리 위 명패에는 라틴어로 '유다인의 임금 나자렛 예수'

라고 적혀 있고, 그 위에는 부활하신 예수님께서 황금색 옷을 입고 승천하고 계십니다. 열 명의 천사들이 예수님을 반갑게 맞이하고, 하늘 나라에 오르시는 예수님은 밝은 모습으로 손을 들어 인사하시는 듯합니다. 예수님의 머리 위에는 두 손가락을 펴고 축복하며 올라오는 성자를 맞이하시는 성부 하느님의 오른손이 보입니다.

성 다미아노의 십자가 속 예수님은 십자가에 못 박히신 수동적인 모습이 아니라 두 팔과 손을 벌려 우리 모두를 하늘 나라로 데려가시려고 세상 끝 날까지 기다리시는 살아 계신 예수님이십니다.

본당 중앙 계단은 성 클라라의 유해와 성 프란치스코와 성 클라라의 유품이 있는 크립타로 이어집니다. 성인의 유해가 있는 곳 앞 아치형 공간 안에 제대가 있는데, 그 위에서 성인의 유해가 모셔진 티볼리 대리석관을 발굴했습니다.

1818년 12월 13일 성 프란치스코 대성당에서 이루어진 프란치스코 성인의 석관 발굴과 아래층 성당 중앙 제대 아래 성인을 위한 크립타 건설은 성 클라라회 수도자들에게도 자신의 설립자를 성 프란치스코처럼 모시고 싶다는 열망을 일깨웠습니다. 성 프란치스코의 무덤 성당이 완공되던 해인 1850년 9월 23일, 성 클라라 성당의 중앙 제대 아래 성 클라라의 유해를 안치했던 티볼리 대리석관을 발굴했습니다. 1852년부터 1872년 사이에 크립타의 조성이

성인의 유해가 보이는 크립타 전경.

시작되었고, 1935년에 신고딕 양식으로 새롭게 장식한 현재 모습으로 완성됐습니다.

성인의 남은 유해는 성 클라라회 수도복을 입은 사람의 형태로 만든 유골함에 담아, 성당 건축에 사용된 수비아코의 붉은색과 흰색 돌로 네 기둥을 세운 크리스털 유리관 안에 안치했습니다. 나무판 위에 누워 있는 성인의 모습은 초기 그리스도교인들이 부활을 기다리며 잠든 것처럼 세상 끝 날의 부활을 기다리는 듯합니다.

맞은편에는 성 클라라와 성 프란치스코의 유물이 보관되어 있습니다. 중앙의 옷은 성 클라라의 수도복과 망토이고 아래의 동그란 유리병에는 성인이 사용했던 실패가 들어 있습니다. 좌측 하단의 띠는 성 클라라의 수도복 띠이고, 그 뒤 은색 뚜껑으로 덮인 유

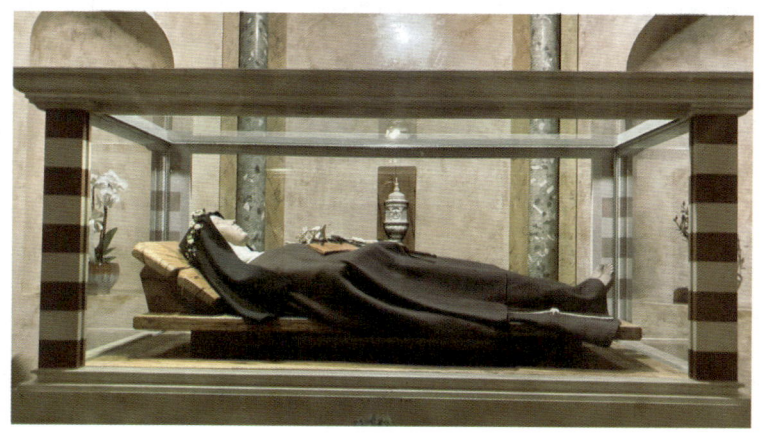

성 클라라의 유해.

성 클라라와 성 프란치스코의 유물들.

리함에는 클라라 성인의 머리카락이 있습니다.

좌측의 신발 한 짝은 성 프란치스코가 1226년 라 베르나산에서 오상을 받았을 때 신은 신발입니다. 좌측의 옷은 성 프란치스코가 회개 후 입은 옷이고, 우측의 옷은 프란치스코 성인의 수도복입니다. 그 아래에는 성인이 사용한 기도서와 수도복 띠가 있습니다.

예수님을 세상에 드러내려 한 성 프란치스코의 활동과 성 클라라의 관상은 서로 나뉘고 대치되는 수도 생활이 아닙니다. 성 프란치스코의 활동이 땅 위에 드러난 나무와 열매라고 한다면, 성 클라라의 관상은 땅속의 뿌리입니다. 예수님은 씨앗을 뿌리셨고, 두 성인은 예수님을 증언하기 위해 그 씨앗에서 영적으로 하나가 되어 세상에서 그리고 천국에서 태어났습니다.

2부

세 개의 돌

새로운 시대와 초심

새로운 시대와 초심

르네상스와 함께 눈뜬 처음 그 마음
몬테 올리베토 대수도원

· · · · · · · · · · · ·

기도와 노동의 힘
그림으로 보는 성 베네딕토의 삶

몬테 올리베토 대수도원

르네상스와 함께 눈뜬 처음 그 마음

르네상스 여명기에 다시 초심으로

성 베르나르도 톨로메이가 활동한 14세기 초반은 중세가 저물고 르네상스의 여명이 시작된 시기입니다. 이슬람이 점령했던 예루살렘을 탈환하자는 명목으로 200년 동안 끌어 오던 십자군 전쟁은 1291년 십자군의 패배로 끝을 맺었고, 그 여파로 로마 가톨릭 교회의 권위와 교황의 힘은 추락했습니다. 이로 인해 이탈리아 대도시들은 믿음을 바탕으로 한 교회와 교황보다는 이성을 기반으로 한 도시의 이익을 중시하게 되었고, 도시 권력을 차지하려는 귀족 가문들이 등장하며 국가주의로 변해 가던 유럽 여러 나라의 위협을 받기 시작했습니다.

톨로메이 가문의 문장.

반면 십자군 전쟁의 최대 수혜국인 프랑스는 전쟁 중에 성전 기사 수도회를 이단으로 몰아 그들의 재산을 몰수했고, 프랑스인 추기경 베르트랑이 클레멘스 5세 교황으로 즉위하면서 1309년 교황청을 아비뇽으로 옮기는 조처를 취했습니다.

사회적으로는 시에나의 성 카타리나가 태어난 1347년, 이탈리아의 시칠리아섬에 들어온 상선에서 시작해 수천만 명을 죽음으로 몰고 간 흑사병이 하느님의 심판이라는 염세주의적 사상을 낳으면서 더욱더 암울한 시기로 변해 가고 있었습니다.

성 베르나르도 톨로메이의 생애

베르나르도는 1272년 시에나의 명문가에서 태어났습니다. 8세기 카롤루스 황제 시절에 롱고바르디 왕국과 싸워 이탈리아 토스카나 지방에 정착한 톨로메이 가문은 시에나에서 은행업으로 부와 권력을 쌓았습니다. 하지만 13세기 이탈리아 도시들은 교황파와 황제파로 나뉘어 서로를 적대시했고, 톨로메이 가문이 지지한 구엘피당(교황파)은 기벨리니당(황제파)에게 밀려 1262년 시에나에서 쫓겨나 다른 도시로 유배를 떠났습니다. 그들이 다시 시에나로 돌아온 것은 베르나르도가 태어나기 2년 전인 1270년이었습니다.

이런 상황에서 태어난 성인은 요한이라는 이름으로 세례를 받고, 가문에 걸맞은 교육을 받으며 자랐습니다. 명석한 두뇌와 기억력으로 젊은 나이에 시에나 대학교에서 학생들을 가르치는 법학 교수가 되었지만, 갑작스런 눈병으로 시력을 잃을 위기에 처했습니다. 그는 시에나의 성 도미니코회 수도자들과 영적 대화를 하며 어려운 시기일수록 하느님께 의지하라는 조언에서 위로를 받았고, 눈병의 치유라는 기적을 체험하며 전적으로 하느님을 향한 삶을 살기로 다짐했습니다. 하지만 그의 선택은 알고 있던 성 도미니코회도, 존경하는 성인이 세운 시토회도 아니었습니다.

저물어 가는 중세 말 혼돈의 시기에 40세에 접어든 요한은 가문의 권력과 부를 누린 호화로운 삶에 대한 반성으로 동료이자 친구 두 명과 함께 올리브산이라 불리던 톨로메오 가문 소유의 아코나에서 엄격한 노동과 기도, 침묵 속에 관상을 하는 은수 생활을 시작했습니다. 이때 요한은 자신의 수도명으로 존경하던 클레르보의 성 베르나르도의 이름을 택해 베르나르도 톨로메이라 불렸습니다.

성 베네딕토처럼 동굴에서 하느님을 찾는 은수 생활을 몇 년 동안 하면서 매끈했던 귀족의 손은 노동하는 수도자의 손으로 거칠어졌습니다. 기도와 노동의 은수자들에 관한 소문이 주변 마을로 퍼지면서 다양한 사람들이 모인 공동체는 초기 베네딕토 성인의 공동체처럼 모두가 평등한 형제애로 함께 기도하고 노동했습니다. 베르나르도는 사제가 될 수 있었으나 형제들과 애덕을 실천하는 평수도자로 지내는 것에 만족했고, 형제들의 수도원장의 추대도

성 베르나르도 톨로메이의 환시(도서관 입구 천장화 일부).

거절했습니다.

그러던 중, 현재의 수도원 성당 자리에서 기도를 하던 베르나르도는 신비 체험을 합니다. 그가 본 환시에서는 하늘 끝까지 닿을 듯한 은사다리가 동쪽으로 뻗어 있었고, 흰옷을 입은 많은 수도자들이 천사의 도움을 받으며 사다리를 오르고 있었습니다. 사다리 끝에는 예수님과 성모님께서 흰옷을 입고 함께 계셨습니다.

당시는 이단이 너무 많던 시절이었기에 베르나르도는 자신의 환시 이야기를 사람들에게 쉽게 꺼낼 수 없었습니다. 그에게 몰려드는 사람들 중에서도 그의 카리스마에 의구심을 갖는 이들이 있었고, 이로 인해 교회에서 조사단을 보내기도 했습니다. 하지만 자신들이 성 베네딕토 규칙서에 따른 엄격함과 형제적 사랑으로 사는 수도자들임을 확인받은 후, 베르나르도는 환시의 식별을 위해 자신이 속해 있던 아레초 교구의 주교 귀도 타를라티를 찾아갑니다.

좌/우 성 베르나르도 톨로메이의 동굴과 그 위에 세워진 소성당. 성인은 이 동굴에서 1313년부터 1319년까지 은수 생활을 하였다.

몬테 올리베토 성모 마리아회의 탄생

1319년 3월 26일 귀도 주교에게 베네딕토 규칙을 준수하는 수도회 창설을 인준받은 베르나르도는 '몬테 올티베토 성모 마리아'라는 수도회명을 택했습니다. 또 성모님에 대한 공경과 신심을 의미하는 흰색 수도복을 입었는데, 이는 개혁 정신으로 같은 색의 수도복을 입었던 시토회나 카르투시오회, 카말돌리회와는 다른 의미였습니다. 성 베네딕토 규칙을 따르지만 성모님, 특히 예수님을 세상에 내어 주시는 연결 고리로써 성모님 탄생의 의미를 수도 생활의 중심에 두려 한 것도 이 수도회만의 특징입니다.

당시 수도원장의 임기는 1년이었는데, 겸손한 마음으로 원장직을 사양하던 베르나르도는 1321년 형제들의 추대를 받아 더욱 완전한 봉사를 위해 수도원장직에 올랐고, 이후 26년간 매년 추대를 받아 선종할 때까지 형제들에게 모범이 되는 삶을 보여 주었습니다.

1344년 1월 21일, 클레멘스 6세 교황의 공식 인준을 받은 '몬테 올리베토 성모 마리아 베네딕토 수도 연합회'는 이후 이탈리아에서 그 수가 급속하게 늘었습니다. 하지만 1347년 이탈리아 남부에 상륙한 흑사병이 1348년 중부 이탈리아까지 퍼져 나가 많은 희생자를 낳자 베르나르도는 애덕을 실천하기 위해 형제들을 환자 곁으로 보내며 자신도 수도원을 떠나 시에나로 가 환자들을 돌보고 위로했습니다. 그리고 그해, 베르나르도 톨로메이는 어려움에 빠진 이웃이자 친구들을 위해 자신의 생명까지 온전히 내어 주는 사랑의 완성을 실천하며 8월 20일 선종했습니다. 그는 1644년 복자로 선포된 후, 2009년 베네딕토 16세 교황에 의해 시성되었습니다.

수도원 둘러보기

수도원에서 처음 마주치는 건물은 붉은 벽돌을 쌓아 올린 웅장한 탑과 거기에 붙은 입구입니다. 입구에 붙은 문은 중세풍의 해자 위로 오르고 내릴 수 있는 구조이며, 문 위에는 조각으로 유명한 롭비아 가문에서 테라 코타에 유리를 덮어 만든 아기 예수님과 성모님이 방문객을 맞이해 주십니다. 입구의 반대편에는 규칙서를

좌/우 성채처럼 보이는 수도원 입구와 그 안쪽.

들고 축복하는 성 베네딕토가 있습니다.

　벽돌로 포장된 경사로를 따라 내려가면 우측에 보이는 수영장 같은 구조물은 1533년에 만든 양어장입니다. 고기를 먹을 수 없는 날이 많던 수도자들이 단백질을 보충할 물고기를 산에서도 먹을 수 있는 유용한 방법이었을 것입니다. 수도원의 식사를 표현한 그림에 항상 빵과 물고기가 있는 이유도 이 양어장으로 충분히 설명할 수 있을 듯합니다.

　성당의 뒤쪽으로 가면 성인이 시성된 2009년에 세운 성 베르나르도 톨로메이의 하얀 대리석 성인상이 있습니다.

몬테 올리베토 수도원 대성당은 1400-1417년 고딕-로마네스크 양식으로 건축되었으나 1772년 조반니 안티노리가 내부를 화려한 바로크 양식으로 바꾸었습니다. **성당 외부와 종탑**은 붉은 벽돌로 된 15세기의 모습이 보존되어 있고, 라틴 십자가 형태의 성당 내부는 기둥이 없는 하나의 공간으로 되어 있어 소외되는 이 없이 모두가 서로를 바라보며 기도하는 공동체의 일치가 느껴집니다.

성당 중앙의 복도 양옆에는 다른 수도원에서는 보기 힘든 **가대**를 설치했습니다. 시토회 성당에도 수도자들의 기도 장소인 가대를 설치해 공동체가 함께 기도를 했었지만, 지금은 거의 찾아볼 수

수도원 양어장.

수도원 성당 외부 모습과 성 베르나르도 톨로메이 석상.

없는 구조라 더욱 눈길이 갑니다. 더 특별한 것은 가대의 좌석들이 나무 조각을 끼워 맞춘 상감 기법으로 만들어졌다는 점입니다. 올리베타노 수도회 출신의 조각가이자 필사본 책의 도입 부분에 들어가는 미니어처의 명인인 베로나의 요한 수사가 1503-1505년에 만든 가대는 '기도하고 일하라.'라는 성 베네딕토 영성에 가장 잘 맞는 결과물이라는 생각도 듭니다.

이 수도원 성당은 **거룩하신 성모님께, 특히 성모 탄생에 대한 신**

성당 중앙 양옆에 만들어진 가대.

상감 기법으로 만들어진 가대의 좌석들.

좌 천장에 그려진 성모 승천. | **우** 아기 마리아.

심으로 봉헌된 성당입니다. 성모님의 탄생은 구세주로 세상에 오실 예수 그리스도 성탄의 전주곡이자 우리 모두에게 하늘의 문을 열어 줄 축복입니다. 성 베르나르도는 수도원을 창설할 때 성모 탄생 신심의 의미로 흰색 수도복을 택했습니다. 창립자의 성모 탄생 신심은 수도원 곳곳에서 볼 수 있습니다. 1598년 야곱 리고치가 그린 제단화는 동정 성모님의 탄생 장면이고, 성당의 가로와 세로가 교차하는 천장에도 그가 그린 성모 승천 장면이 있습니다.

중앙 제대 우측에는 18세기 작품인 아기 마리아의 밀랍 인형이 있습니다. 마치 아기 예수님처럼 보이는 이 특별한 작품은 토디 Todi의 성 클라라 수녀원의 키아라 이사벨라 포르나리 수녀가 만들어 자신의 고해 신부에게 준 것입니다. 신부는 이 작품을 1755년 이곳 수도원에 기증했고, 현재의 성당에 모셨습니다. 동방 교회에

중앙 제대와 제단화.

서 시작한 성모 탄생 축일은 서방 가톨릭 교회에서도 복되신 동정 마리아 탄생 축일(9월 8일)로 지냅니다.

제대 좌측에는 **십자가 소성당**이 있습니다. 소성당 제대의 목제 십자고상 아래에는 십자가를 바라보며 기도하는 성 베르나르도의 그림이 있습니다. 1313년 십자가를 이곳에 모신 베르나르도는 십자가의 예수님과 여러 번 이야기를 나눴다고 합니다.

제대 우측의 **제의실** 중앙에는 브레시아Brescia의 라파엘 수사가 만든 기도서 받침이 있습니다. 구텐베르크의 금속 활자 인쇄술의 등장보다 100년 앞선 시절, 양피지에 필사하여 만든 책들은 무척 귀했기에 개인이 기도서를 가질 수 없었습니다. 그래서 함께 볼 수 있도록 크게 만든 기도서를 가대 중앙에 놓기 위한 받침대를 둔 것입니다. 상감 기법으로 만든 받침대 하단에는 매우 사실적으로 표현된 고양이가 보입니다.

제의실 우측에 연결된 문으로 나가면 큰 사각 정원으로 나갈 수 있습니다.

십자가 소성당.

제의실과 기도서 받침대.

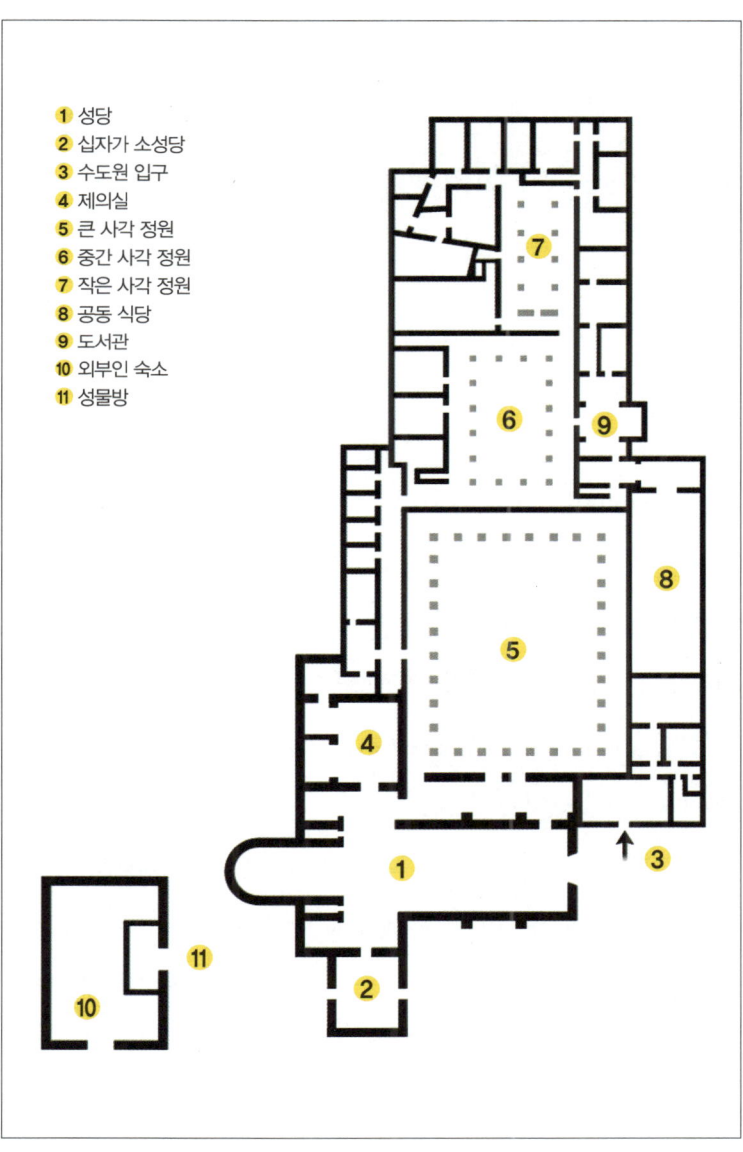

몬테 올리베토 대수도원 평면도.

그림으로 보는 성 베네딕토의 삶

기도와 노동의 힘

1426-1443년에 만들어진 큰 사각 정원은 수도원의 세 정원 중 가장 큰 정원입니다. 중앙에는 성 베네딕토의 대리석상이 있고, 구석에는 1439년에 만든 우물이 있습니다. 정원 회랑의 벽에는 루카 시뇨렐리(Luca Signorelli, 1450-1523년)와 '소도마Sodoma'라고도 불렸던 안토니오 바치(Giovanni Antonio Bazzi, 1477-1549년)가 그린 성 베네딕토 이야기가 있습니다.

성 그레고리오 교황의 『대화록』 2권에 나온 성 베네딕토 전기의 내용을 그린 35장의 벽화 중 시뇨렐리는 1497-1498년 서쪽 회랑에 8장의 프레스코화를 그렸고, 소도마는 1505-1508년 나머지(그중 하나는 리쵸가 다시 그림)를 그렸습니다. 시뇨렐리는 이미 오르비에토 주교좌 성당의 성 브리지오 소성당 벽화 의뢰를 받았기 때문에 1년 정도만 머물며 작업할 수 있었습니다.

큰 사각 정원 서쪽 편 회랑.

중세에는 성 프란치스코회와 성 도미니코회를 제외한 모든 수도원은 성 베네딕토 규칙서를 회칙으로 두어 지키고 살았습니다. 몬테 올리베토 수도회의 창설자인 성 베르나르도 수도원 규칙서를 따로 만들지 않았습니다. 1215년에 더는 새로운 규칙서를 인준하지 않는다는 결정이 있었고(제4차 라테라노 공의회), 성 베네딕토 규칙서만으로도 충분하다고 생각했기 때문입니다.

하지만 그 어떤 수도원도 생활의 중심인 사각 정원에 성 베네딕토의 삶을 그려 놓고 마치 규칙서의 방에서 한 장씩 규칙서를 읽어 나가듯 마음에 새기지는 않았습니다. 그런 의미에서 중세가 끝나고 르네상스가 시작되는 이 시기에 세워진 올리베타노 수도원의 이 그림들에서는 새로운 시대에 재조명한 성 베네딕토의 초기 정

규칙서를 주는 성 베네딕토.

신을 수도자들의 마음에 담으려 한 의도가 엿보입니다.

흰색 수도복을 입고 양팔을 벌려 두 권의 규칙서를 주는 성 베네딕토의 그림은 공평한 수도원의 삶과 규칙을 따르면 누구든 하느님의 사람이 될 수 있음을 보여 줍니다. 그림 아래에는 1319년 아레초의 주교 귀도에게 인준[8]받은 수도원의 시작을 라틴어로 적은 문장이 있습니다.

성 베네딕토의 생애 벽화는 동쪽 회랑에서 시작해 남쪽과 서쪽으로 이어져 북쪽 회랑에서 끝을 맺습니다.[9]

1 로마로 유학을 떠나는 베네딕토

로마로 유학을 가는 베네딕토가 아버지의 집을 떠나는 순간입니다. 베네딕토의 상기된 붉은 얼굴과 그가 탄 말의 역동적인 모습에서 새로운 세상에 두려움 없이 도전하는 젊음이 느껴집니다. 모자를 쓴 아버지 옆에는 쌍둥이 여동생 스콜라스티카가 부러운 듯 바라보고, 다른 아이의 손을 잡고 마지막 인사를 하는 그의 어머니

2부 세개의 돌 ― 213

는 안쓰러워 보입니다. 말을 타고 함께 떠나는 여인은 어린 베네딕토를 보호할 유모입니다. 불안한 자세로 남아 있는 이들의 모습은 그들과 대화하는 베네딕토와는 다르게 걱정이 많은 듯합니다. 우측 원경은 베네딕토의 고향 노르치아이고 그 밑에는 당나귀 두 마리가 작게 그려져 있습니다. 그중 한 마리는 앞다리가 없는데 아마 화가가 그려 넣는 것을 잊은 듯합니다.

2 마음의 소리를 듣고 세상의 학문을 떠나는 베네딕토

공부에 대한 부푼 꿈을 안고 로마에 도착했지만, 당시 로마는 서로마 제국의 멸망으로 북쪽의 야만족들에게 점령당한 시기였습니다. 로마에서 세상의 배움에 실망한 베네딕토는 마음의 소리를 좇아 학교를 떠났습니다. 둥글게 굴곡진 벽에 그림을 그려 우측 하단의 베네딕토가 벽을 뚫고 나오는 것처럼 보입니다. 세상 학문과의 완전한 결별을 의미하듯 가운데 의자에 앉은 선생님은 벽화의 원근감보다 더 멀어 보입니다. 학교 밖 좌측에는 멀리 로마의 천사의 성과 천사의 다리, 그 아래를 돌아 흐르는 테베레강이 보입니다.

3 베네딕토의 첫 번째 기적, 나무 체 이야기

로마를 떠난 베네딕토가 수비아코로 가던 중 아필레 마을에 머물렀습니다. 그림 좌측의 유모가 빵을 만들 밀가루를 곱게 걸러 내기 위해 나무 체를 꺼내다 실수로 떨어트려 체가 깨졌습니다. 망연자실한 유모 옆에서 베네딕토가 하느님의 자비를 바라며 기도하자 나무 체가 다시 붙는 기적이 일어났습니다. 우측의 사람들은 원래대로 돌아온 나무 체를 보며 놀라고 있습니다. 중앙의 기사 복장을 하고 칼을 쥔 사람은 이 그림을 그린 소도마 자신입니다. 그는 자신의 친척과 부인, 딸, 심지어 반려동물도 등장시켜 베네딕토의 기적이 단지 천 년 전의 이야기가 아님을 확인시켜 주는 듯합니다.

4 세상의 옷을 벗어 버린 베네딕토

부서진 체의 기적을 체험한 베네딕토는 하느님을 만나기 위해서는 모든 것을 하느님께 의탁하는 믿음이 필요함을 깨닫습니

다. 그림 좌측에는 자신의 유모를 노르치아로 돌려보낸 후, 홀로 수비아코로 걸어가는 베네딕토가 보입니다. 수비아코 인근에서 은수 생활을 하던 로마노 수사를 만난 베네딕토는 입고 있던 세상의 옷을 벗어 버리고 하느님의 사람이 되기 위해 수도복을 받습니다. 이는 훗날 하느님의 사람이 되기 위해 아버지 앞에서 옷을 벗어 버린 아시시의 프란치스코를 떠올리게 합니다. 멀리 보이는 수비아코는 적극적인 결심을 한 베네딕토가 찾아가야 할 하느님이 계시는 다른 세상을 보여 주는 듯합니다.

5 베네딕토에게 음식을 내려 준 로마노 수사

로마노 수사가 알려 준 절벽 사이의 동굴에서 베네딕토는 하느님의 현존을 기다리는 은수 생활을 시작합니다. 거뭇하게 올라온 턱수염과 햇볕에 그을린 얼굴색, 짧은 머리로 보아 은수자로서 긴 시간을 보냈음을 짐작케 합니다. 베네딕토가 은수 생활을 하던 3년 동안 로마노 수사는 절벽에서 음식을 내려 주었습니다. 음식을 내릴 때는 작은 종을 달아 소리를 냈는데, 이를 방해하기 위해 사탄이 돌을 던져 종을 깨곤 했습니다. 그럼에도 로마노 수사는 지치지 않고 음식을 내려 주어 베네딕토의 조력자 역할을 다했습니다. 이는 500년 후 등장할

개혁 수도회의 기도 수도자와 콘베르시의 역할을 미리 보여 주는 것 같습니다.

6 가시덤불에 맨몸을 던진 베네딕토

모자와 지팡이를 챙겨 세상 사람들을 만나려던 베네딕토에게 강한 유혹이 닥쳤습니다. 그의 머릿속(하늘 위)에 아름다운 여인의 모습으로 그를 유혹하는 사탄이 있습니

다. 하느님과 인간을 갈라놓으려는 사탄의 유혹은 수도자들에게도 나타납니다. 심지어 40일 동안 단식하신 예수님께도 나타났으니까

요. 이 유혹을 이길 수 있는 첫 번째 무기는 하느님께서 주신 자유 의지입니다. 자유 의지로 선악과를 선택한 아담과 하와는 원죄라는 굴레를 썼습니다. 하지만 베네딕토의 자유 의지는 유혹을 이기기 위해 예수님께 은총을 청하며 가시덤불에 맨몸을 던집니다.

수도복도 사탄의 유혹에서 자신을 지키는 방패가 되지 못합니다. 마지막 방패는 인간을 향한 하느님의 자비입니다. 주님의 천사가 환상 속 유혹을 쫓아내고, 베네딕토는 더 이상 이런 유혹에 빠지지 않을 것입니다. 저 뒤에 보이는 아름다운 풍경과 수비아코에 흐르는 아니에네강은, 이런 유혹을 이기고 난 후 만나는 하느님의 평화일 것입니다.

7 노동과 이웃의 중요성

은수처로 돌아온 베네딕토는 찾아오는 이들을 맞이하여 주님에 대한 이야기를 해 주면서 기적을 통해 주님의 현존을 보여 주기도 했습니다.

그의 이름이 퍼지면서 주변에 전능하신 하느님을 따르려는 이들이 모이기 시작하자, 그는 은수처 주변에 12개의 수도원을 세웠습니다. 수도원마다 수도 생활을 하기 적당한 숫자인 12명의 수도자가 수도원장을 뽑아 생활하도록 했습니다. 12개의 수도원 중, 현존하는 곳은 베네딕토의 거룩한 동굴에서 1킬로미터 떨어진 성 스콜라스티카 수도원입니다.

그림의 중앙 인부 옆에 선 베네딕토가 오른손에는 막대기를 들고 왼손으로는 수도복 자락을 걷어 올리며 수도원 건축을 지시하자, 천장에서 작업하던 인부가 베네딕토에게 몸을 기울여 그의 말에 귀 기울이고 있습니다. 뒤에 있는 두 명의 수도자의 손짓이 약간은 당황스러워 보입니다. 기둥의 받침돌을 쪼는 석공의 팔근육이 매우 사실적이며, 좌측에 찾아온 이와 대화하는 흙손을 든 수도자는 노동과 이웃의 중요성을 동시에 보여 줍니다.

8 신앙과 예술의 만남, 베네딕토를 찾아온 이들

수도자들 외에도 많은 이들이 베네딕토를 찾아왔습니다. 로마의 귀족들도 어린 아들들을 그에게 맡겼으며, 그들 중 거룩한 품성의 마우로(성인의 좌측)와 아직 어린 플

라치도(성인의 우측에서 축복을 받는 이)가 입회하고 있습니다.

성 베네딕토회는 전통적으로 수도자 양성을 위해 어린아이를 받아 왔습니다. 규칙서 37장과 59장에는 아이들이 수도원에 입회하는 방법과 그들에게 어떤 배려를 해야 하는지 밝히고 있습니다. 소도마는 이 그림에 자신과 동시대 사람들의 얼굴을 그려 넣었습니다. 마우로는 산드로 보티첼리, 플라치도는 레오나르도 다빈치의 얼굴로 그렸습니다. 소도마는 베네딕토 좌측의 검은 옷을 입고 얼굴만 보이는 이를 자신에 앞서 이곳에 그림을 그린 루카 시뇨렐리의 얼굴로 그려 기념했습니다.

9 베네딕토의 회초리의 아픔을 기억하는 사탄

베네딕토가 세운 수도원 중 한 곳에서 생활하던 젊은 수도자는 공동체 기도 중 마음을 잡지 못하고 자주 성당 밖으로 나가 수도원장에게 지적을 받았습니다.

이 소식을 듣고 수도원을 찾은 베네딕토는 검은 그림자 같은 것이 그 젊은 수도자를 감싸고 있는 것을 보았습니다. 그러나 그곳의 수

도원장도, 베네딕토의 애제자인 마우로도 그 그림자를 볼 수 없었습니다. 다음 날 베네딕토가 공동 기도 중 빠져나오는 그를 붙잡아 막대기로 때리자 어둠의 사탄이 먼 하늘로 도망쳤고, 젊은 수도자는 다시는 그런 분심에 빠지지 않았다고 합니다. 베네딕토가 때린 대상은 젊은 수도자이기도 했지만, 그를 둘러싼 사탄이기도 했습니다. 수도자의 마음속에 있던 사탄은 베네딕토의 회초리로 맞은 아픔을 기억하고 다시 돌아오지 못한 것입니다.

베네딕토는 규칙서 2장에서 잘못을 저지르는 이의 죄를 묵과하지 말고 싹을 뿌리째 뽑아 버리라고 합니다. 먼저 말로 한두 번 타이른 뒤, 듣지 않으면 "네 아들을 매로 때려라. 그러면 그의 영혼을 죽음에서 구할 것이다."라고도 했습니다.

10 물의 성 요한 수도원에서 체험한 기도의 힘

베네딕토가 세운 열두 수도원 중 세 곳은 산꼭대기에 있어 물을 길으러 산 아래 호수까지 매일 내려와야 했습니다 (그림 상단). 수도자들은 베네딕토를 찾아와 수도원을 다른 곳으로 옮길 것을 청하지만(그림 좌

2부 세개의 돌 ___ 221

측 하단), 그는 수도자들을 위로하고 돌려보냈습니다.

그날 밤, 어린 제자 플라치도와 산에 올라간 베네딕토는 오랫동안 기도한 후 그 자리에 돌 세 개를 놓고 내려왔습니다(그림 중앙). 다음 날 수도자들에게 돌이 있는 자리를 파 보라고 하니 물이 풍족하게 솟아올랐고(그림 중앙 우측), 그 이후 수도원 이름을 '물의 성 요한 수도원'이라 부르기 시작했습니다. 물은 생명이신 그리스도를 뜻하고, 주님께서는 사람들이 청하는 곳에 항상 찾아오십니다.

11 모든 것을 알고 있는 베네딕토

베네딕토는 과음이나 취함을 경고하면서 하루에 1인당 4분의 1리터의 포도주만 허락했습니다(40장). 마을에는 해마다 베네딕토에게 포도주

를 선물하는 귀족이 있었는데, 한번은 에질아라토라는 종이 베네딕토에게 보낸 술병 두 개 중 하나만 전달하고, 나머지 하나는 길에 감춰 두었습니다. 베네딕토는 그의 부정한 행동을 이미 알고 있었지만, 그를 혼내지 않고 돌려보내며 감춰 둔 포도주를 마시지 말

고 길에 부어 버리라고 충고했습니다(그림 좌측). 에질아라토는 돌아가던 길에 감춰 둔 병을 찾아 베네딕토의 충고대로 포도주를 땅에 부었습니다. 그러자 포도주는 온데간데없고 뱀이 나와 크게 놀랐습니다. 그제야 그는 자신이 저지른 잘못이 얼마나 큰 것인지 깨달았습니다(그림 우측).

12 플로렌시오의 독이 묻은 빵

베네딕토의 명성이 퍼지면서 많은 이들이 찾아와 수도자의 길을 택했습니다. 그러자 인근 본당의 신부인 플로렌시오는 사탄의 꾐에 넘어가  베네딕토에 대한 시기심과 자신이 더 뛰어나다는 오만으로 자신의 몸종을 시켜 독이 묻은 빵을 보냈습니다(그림 좌측). 몸종이 손에 독이 묻지 않도록 수건으로 감싼 빵을 전하자 베네딕토는 축복하며 감사히 빵을 받았습니다(그림 중앙). 베네딕토는 하느님의 섭리로 빵에 독이 묻었음을 알았고, 식사 때마다 빵 부스러기를 먹으러 오는 까마귀에게 빵을 아무도 없는 곳에 물어다 버리라고 명령하였습니다. 빵 주위만 돌던 까마귀는 베네딕토의 거듭되는 명령에 독이 든 빵을 물어 멀리 내다 버렸고, 무사히 식탁으로 돌아와 늘 그랬듯이 빵 부스러기를 먹었습니다. 그러나 이 사실을 안 플로렌시오 신부가 격분하는 것을 본 베네딕토는 자신의 안위를 걱정하기보다 신부를 위해 더 마음 아파했습니다.

13 플로렌시오와 아름다운 일곱 처녀

플로렌시오 신부는 성 베네딕토회 수도자들의 마음을 흔들기 위해 아름다운 일곱 여인에게 화려한 옷을 입혀 수도원 정원에 들여보냈습니다. 발코니에는 악사들이 연주를 하고 있고, 여인들은 춤을 추며 수도자들을 유혹합니다. 베네딕토는 아직 마음이 약한 제자들이 이런 유혹을 견디기 어렵다는 것과, 플로렌시오 신부의 악행이 그치지 않을 것을 알고 있었습니다. 결국 그는 자신을 따르는 몇몇 제자들과 함께 수비아코를 떠나기로 결심했습니다.

다음 여덟 장의 그림은 **루카 시뇨렐리**의 작품입니다. 이 그림들에서 베네딕토는 몬테카시노에 새 수도원을 건설하며 겪는 사탄의 방해를 통해 눈에 보이지 않는 하느님의 전능하심을 드러냅니다. 그와 동시에 베네딕토의 예언 은사도 볼 수 있습니다.

14 수비아코를 떠나는 베네딕토

수비아코의 수도자들을 위해 베네딕토는 은수처를 떠나 몬테카시노로 향합니다. 자신이 승리했다고 확신한 플로렌시오 신부는 떠나는 베네딕토를 바라보  기 위해 높은 발코니에 올라갔습니다. 하지만 주님께서 교만한 플로렌시오에게 벌을 내리셨습니다. 그는 발코니가 무너져 목숨을 잃습니다. 무너진 벽돌 사이로 플로렌시오의 얼굴이 보입니다.

이 사실을 베네딕토에게 알리기 위해 달려간 마우로가 손가락으로 사고가 난 곳을 가리킵니다. 그러나 겸손한 베네딕토는 본당 신부의 죽음을 기뻐한 마우로를 오히려 책망합니다. 사람이 할 일은 기도와 용서이고, 심판은 하느님의 몫이기에 벌 또한 하느님께서 직접 내리시는 것임을 보여 주는 그림입니다. 하늘에 보이는 사탄의 무리 중 우측 둘은 플로렌시오의 영혼을 붙잡아 가고 다른 하나는 그에게 매질을 하고 있습니다.

15 몬테카시노에 도착한 베네딕토

베네딕토가 도착한 카시노 마을은 여전히 우상을 숭배하며 이교신을 섬기던 곳이었습니다. 마을의 가장 높은 산인 몬테카시노에는 그들이 모시던 아폴로의 신전이 있었습니다. 베네딕토는 두 제자와 함께 예수 그리스도의 복음을 전하지만, 사람들은 아이에게 젖을 물리거나, 눈을 감고 고개를 숙이며 베네딕토의 말을 온전히 받아들이지 못하고 있습니다.

나머지 제자들은 아폴로 신전의 석상을 밧줄로 묶어 끌어내리려 하지만, 꼿꼿이 서 있는 석상과 흐린 하늘은 새로운 수도원을 세우는 일이 쉽지 않음을 예견하는 듯합니다.

16 움직이지 않는 바위와 불의 환상

앞의 그림이 예견했듯, 수도원 건설을 방해하는 사탄을 보여 주는 그림입니다. 중앙 하단에는 세 수도자가 바위를 들어내려 하지만 꿈쩍도 하지 않습니다. 사탄이 바위에 걸터앉아 있기 때문이지만, 수도자의 눈에는 보이지 않는 듯합니다. 하지만 사탄의

농간을 훤히 본 베네딕
토가 오른손을 들어 축
복하자 사탄은 도망쳐
버렸고, 제자들은 쉽게
바위를 들어냈습니다.

베네딕토가 제자들
에게 그 바위가 있던
자리를 파 보라고 지시하자 제자들은 구덩이 깊은 곳에서 이교도
의 청동 신상을 발견했습니다(좌측 상단). 제자들이 신상을 부엌에
던져 두었더니 부엌에서 불길이 치솟았습니다. 제자들은 양동이로
물을 퍼부었지만 불은 꺼질 기미가 보이지 않았습니다. 그 불은 실
제가 아닌 제자들의 눈에만 보이는 환상이었기 때문입니다. 베네
딕토가 고개를 숙여 기도하자 가짜 불은 사라졌고, 이 역시 사탄의
또 다른 장난임이 드러났습니다.

17 돌담에 깔린 젊은 수도자

베네딕토가 자신의 독방에서 기도를 하던 중, 사탄이 나
타나 밖에서 일을 하던 제자들에게 가 보자고 말했습니다. 베네딕
토는 급히 제자들을 공사장에 보내 사탄이 가고 있음을 경고했지
만, 사탄이 건물을 허물어 일하던 수도자를 떨어뜨려 죽음에 이르

게 했습니다. 베네딕
토는 죽은 수도자를 천
으로 감싸 자신의 독방
으로 옮겼고, 시신 옆
에서 간곡하게 기도했
습니다. 그러자 죽었
던 제자가 다시 살아나
는 기적이 일어났습니다. 이는 예수님께서 십자가에 못 박혀 돌아
가시자 제자들이 무덤으로 옮겨 천으로 감싼 예수님께서 부활하신
장면을 연상시킵니다.

베네딕토는 다시 살아난 그 수도자를 축복하며 형제들에게 돌
려보내 원래의 일을 끝마치게 했습니다. 이 모든 것은 사탄이 자신
의 능력으로 베네딕토를 시험하고 놀리려는 것이었지만, 늘 겸손
하게 예수님의 이름으로 기도하며 도움을 청했던 베네딕토는 오히
려 사탄의 시험을 예수님의 전능하심을 보여 주는 계기로 이끌었
습니다.

18 외출하는 수도자들의 식사에 대한 규정

이 그림을 포함해 연속된 4장의 그림에서는 베네딕토의
예언 은사를 다루고 있습니다. 베네딕토는 규칙서 51장 '외출하는

수도자들에 대한 식사 규정'에서 수도원장에게 예외를 적용받지 않는 한, 하루 안에 수도원으로 돌아올 경우, 외부 사람들의 간곡한 청이 있더라도  함께 식사하면 안 된다고 규정했습니다. 이것을 어길 경우 단 한 번의 용서도 없이 파문하도록 했습니다.

한번은 두 수도자가 외출이 길어지자 규칙을 어기고 근처 식당에서 음식을 먹었습니다. 수도원으로 돌아온 그들이 평소처럼 베네딕토에게 축복을 청하자 모든 것을 이미 알고 있던 베네딕토는 그들을 꾸짖습니다(우측 건물 밖에 무릎 꿇은 수도자). 그들은 베네딕토의 발아래 무릎을 꿇고 자신의 잘못을 뉘우치며 용서를 청했습니다. 그들이 다시는 같은 잘못을 하지 않을 것임을 예언 은사로 알았던 베네딕토는 파문의 벌이 아닌 하느님의 무한하신 자비로 그들을 용서합니다.

이 그림은 마치 영화의 한 장면을 보는 듯합니다. 좌측의 포도주를 따르는 여인의 표정과 팔의 각도에선 조심스러움이 느껴집니다. 우측에 음식을 나르는 여인의 몸짓에선 생동감이 넘쳐흐릅니다. 계단에서 주문을 받는 주방의 여인과 문밖에서 호객을 하는 청년의 등 돌린 모습 등, 화가 시뇨렐리의 색감과 생동감이 매우 잘 드러나 있는 그림입니다.

19 발렌티니아노 수사의 형제

규칙서에는 없지만, 수도자들에게는 1년에 한 번 가족을 만나는 관행이 있었습니다. 성 스콜라스티카도 자신의 오빠이자 스승인 베네딕토를 만나러 1년에 한 번 수도원을 찾았습니다.

하느님을 두려워하는 평신도였던 발렌티니아노 수사의 동생도 베네딕토의 축복을 받고 형도 만나기 위해 매년 수도원을 방문했습니다. 그는 수도원에 갈 때면 늘 기도와 단식을 했습니다. 한번은 낯선 사람이 동행을 하며 자신의 음식으로 함께 식사할 것을 권하자 두 번에 걸쳐 거절했습니다(그림 우측). 그러나 길에서 보내는 시간이 길어지고 몸도 고단해진 순간 시원한 샘물이 솟아나는 잔디밭이 펼쳐지자 유혹에 넘어가듯 세 번째 권유를 받아들여 함께 앉아 식사를 했습니다(중앙 좌측 상단).

수도원에 도착한 그가 베네딕토에게 축복을 청했지만, 길에서 일어났던 일을 이미 알고 있던 베네딕토는 동행을 통한 사탄의 세 번째 유혹에 넘어간 그를 꾸짖었습니다. 수비아코 동굴에서 사탄의 유혹에 맞서 가시덤불에 맨몸을 던진 베네딕토와 비교되는 장면입니다.

20 왕으로 위장한 리죠

고트족의 왕 토틸라가 베네딕토의 예언 은사를 시험하기 위해 부하인 리죠에게 자신의 옷을 입혀 수도원을 방문하게 했습니다. 화

려한 왕의 옷을 입고 들어오는 리죠를 본 베네딕토가 "네 것이 아닌 것을 걸치고 있구나. 즉시 벗어 던져라!"라고 호통을 치자, 리죠는 도망치듯 되돌아갔습니다.

그림 상단은 왕의 막사에 도착한 리죠가 토틸라에게 왕의 옷으로 가린 자신의 본래 신분을 베네딕토가 얼마나 쉽게 간파했는지 보고하는 장면입니다.

21. 토틸라와 만나는 베네딕토

리죠의 보고를 받은 토틸라는 두려움에 베네딕토에게 다가가지 못하고 멀찍이 서 땅바닥에 엎드려 있습니다. 두 번이나 일어날 것을 권하였음에도 엎드려 있는 토틸라에게 베네딕토는 직접 다가가 손을 잡아 일으켜 세웠습니다. 세상의 권위는 땅에서 오지만, 영적인 권위는 하늘에서 내려옴을 이야기하는 이 장면은 마치 왕에게 하느님의 이름으로 왕관을 씌워 주는 교회의 대관식을 보는 듯합니다.

베네딕토는 토틸라의 잘못을 꾸짖으며 로마 입성과 앞으로 남은 9년의 치세를 예언합니다. 베네딕토의 예언을 들은 토틸라는 포악한 행동을 줄였지만, 545년 로마를 점령하고, 시칠리아까지 자신의 땅으로 만든 후에 552년 죽음을 맞이합니다.

루카 시뇨렐리의 그림은 여기까지입니다. 그의 그림은 그가 장차 오르비에토의 두오모에 그릴 그림을 연습이라도 하듯 많은 인물을 등장시켜 다양한 인체의 구도와 근육을 보여 주었습니다.

22 하느님 섭리에 대한 베네딕토의 온전한 믿음

몬테카시노 수도원이 있던 캄파니아 지방에 기근이 들어 빵을 만들 밀가루가 부족했습니다. 그림 속 식당 문 위에는 예수님의 십자가와 성모님과 요한 사도의 그림이 있고, 독서대에서는 규칙서에 나온 것처럼 수도자  한 명이 영적 독서를 하고 있습니다. 여섯 명의 수도자가 둘러앉은 식탁 위에는 빵 다섯 개와 생선 몇 마리뿐입니다.

식량 부족에서 오는 불안과 갈등은 수도원에서도 이미 나타나고 있습니다. 우측 맨 앞의 수도자는 왼손으로 자신의 빵을 잡고 있으면서도 오른손으로 옆 수도자의 빵까지 쥐려 합니다. 식탁 아래의 개와 고양이의 싸움도 그러한 분위기를 반영합니다. 베네딕토는 수도자들에게 오늘은 부족하지만 내일은 차고 넘칠 것이라 말했습니다.

그리고 다음 날, 수도원의 문 앞에 놓인 밀가루 포대들을 본 형제들이 놀라며 누가 가져다 두었는지 궁금해합니다(그림 좌측). 베네딕토는 어려운 때일수록 하느님의 은총이 내려오는 때이며, 하느님의 섭리를 의심하지 말라고 가르칩니다.

23 밤은 꿈과 함께, 낮은 다툼 없이

베네딕토는 새로운 수도원 건설을 위해 형제들을 먼저 보내며 며칠 내로 도착하겠다고 약속했습니다. 그러나 베네딕토는 약속한 전날까지도 도착하지 않았고, 형제들은 추운 방에서 수도복 두건까지 뒤집어쓴 채 잠이 들었습니다. 그날 밤, 형제들의 꿈에 나타난 베네딕토가 수도원을 보여 주며 건물을 지을 위치를 알려 줬습니다. 잠에서 깬 형제들은 꿈 이야기를 서로 나누면서도 의아해할 뿐 공사를 시작할 생각조차 못하고 베네딕토를 기다렸습니다.

결국 베네딕토가 도착하지 않자 형제들은 그가 있는 수도원으로 찾아가지만, 베네딕토는 오히려 그들에게 반문했습니다. "형제여, 왜 그런 얘기를 하는가? 내가 약속한 날 꿈에 나타나 각 장소에 무엇을 만들라고 말하지 않았는가? 어서 가 꿈에서 내가 지시한 대로 수도원을 건축하여라." 그림 속 형제들은 놀라워하면서도 다시 돌아가 꿈에서 들은 대로 수도원을 짓고 있습니다. 그림 우측 끝에 추를 들고 서 있는 수도자는 이 그림이 그려질 당시 대성당에 상감 세공을 한 목조 기도석을 만든 베로나의 요한입니다. 형제들이 잠든 방에 붙은 규칙이 눈길을 끕니다(그림 좌측). "밤은 꿈과 함께 그리고 낮은 다툼 없이Sit nox cum somno et sine lite d es."

24 수도자와 검은 용

하느님 앞에서 수도자의 삶을 선택한 이의 책임감이 얼마나 무거운 것인지를 보여 주는 그림입니다. 수도원에 성격이 변덕스러운 젊은 수도자가 있었습니다. 하루는

그가 세상에 다시 나가 살겠다며 베네딕토를 찾아왔습니다. 베네딕토의 권고에도 아랑곳하지 않고 수도원을 나가겠다고만 하는 그에게 결국 베네딕토는 수도원을 떠날 것을 허락합니다.

그런데 그가 수도원 문을 나가자마자 검은 용이 잡아먹을 듯 그를 뒤쫓기 시작했습니다. 그는 혼비백산해 도망가며 도와 달라고 소리쳤지만, 수도원의 형제들에게는 혼자 갈팡질팡하는 젊은 수도자만 보일 뿐, 그를 쫓는 괴물은 보이지 않았습니다. 결국 수도원으로 다시 돌아온 그는 하느님과 약속한 서원의 중요성을 깨달으며 베네딕토에게 용서를 청했고, 죽을 때까지 규칙을 지키며 수도

원 밖으로 나갈 생각을 다시 하지 않았습니다.

그림 속 다시 돌아온 젊은 수도자를 맞이하는 형제들의 모습에서 사랑과 기쁨이 얼굴과 손짓으로 충분히 전해져 옵니다.

성 프란치스코의 이야기를 프레스코화로 그려 놓은 성 프란치스코 대성당처럼, 몬테 올리베토 대수도원은 성 베네딕토의 삶을 그림으로 그려 넣은 유일한 곳입니다. 그래서인지 수도원 큰 사각 정원에 성인의 이야기가 담겨 있는 그림을 하나하나 따라가다 보면, 1,500년 전 베네딕토 규칙으로 시작된 중세 수도원의 수도 생활이 이곳에서 다시 완성된 느낌을 받습니다.

행복하여라, 하느님의 법을 지키는 사람들!

세상 사람들은 살다가 잘못된 부분을 만나면 자신을 고치려 하기보다는 법이나 제도를 바꾸면 될 일이라고 생각합니다. 만일 이것이 사실이라면 국회가 매일 법을 개정하고, 그 법을 행사하는 사법부에 의해 우리나라는 진즉 완벽한 나라가 되었을 것입니다. 하지만 개정이라는 미명과 더 잘 될 것이라는 희망은 결국 '너만 잘하면 된다'는 불신과 '네 탓'이라는 갈등으로 끝나는 경우가 많음 또한 잘 알고 있습니다.

법은 단지 거대한 사회에서 서로의 삶에 기본적인 방향만 제시

합니다. 법은 만들면 만들수록 사람들에게 자유와 행복을 주는 것이 아니라 오히려 사람들의 삶을 옭아매는 양면의 얼굴을 가지고 있습니다. 그렇기에 중요한 것은 법을 새롭게 만드는 것이 아니라 법을 지키려는 마음입니다.

    수도원 규칙도 마찬가지입니다. 성 베네딕토가 규칙서를 만들었을 때 수도 생활의 기본 방향은 모두 완성되었습니다. 그래서 개정이나 보완 없이 지켜져 올 수 있었습니다. 하지만 몬테 올리베토 수도원의 성 베네딕토는 사회법을 지키듯 규칙서를 잘 지키라고만 말하지 않습니다. 이에 더해 규칙서를 충실하게 살아가는 것이 얼마나 중요한지를 다시 보여 주고 있습니다.

    무언가를 못 하는 것과 안 하는 것이 다른 것처럼, 법을 지키는 것은 수동적 선택이지만 법을 살아가는 것은 능동적 선택이고 자유입니다. 그래서 하느님의 법은 구속이 아니라 행복인 듯합니다.

주註

1부 은총의 빗물

1장 길 위의 수도원
하느님께 향하는 또 다른 이들

1. 참조 Dante Alighieri, Vita nova, XL, 7.
2. "나는 너에게 하늘 나라의 열쇠를 주겠다. 그러니 네가 무엇이든지 땅에서 매면 하늘에서도 매일 것이고, 네가 무엇이든지 땅에서 풀면 하늘에서도 풀릴 것이다."(마태 16,19).
3. '길 위의 인간Homo Viator'은 길을 걷는 사람이라는 뜻으로 중세 시절 사회적으로는 소식을 전하는 사람으로 쓰이기도 하였으나 종교적으로는 성지를 향해 특별한 목적을 가지고 걸어가는 사람이라는 뜻으로 더 사용되었다. '순례자Peregrinus'는 도시 바깥을 걸어가는 사람이라는 뜻으로 도시 사람에 속하지 않은 외국인이나 이방인을 지칭하였다. 종교적으로는 세상에 속하지 않고 하느님 나라에 사는 사람을 지칭하였다. 그래서 베드로의 첫째 서간 저자도 "사랑하는 여러분, 이방인과 나그네(Advenas et Peregrinos)로 사는 여러분"(1베드 2,11) 하고 부르고 있다.

4. 「순례자의 기도」

   나의 교회를 고쳐 세워라
5. 마르틴 루터가 교회를 비판하며 95개의 논제를 비텐베르크 대성당 문에 내걸은 해이다.

   지옥의 언덕이 천국의 언덕으로
6. 현재 성 클라라 대성당이 세워진 곳.
7. 52-57쪽 참조.

2부 세 개의 돌

   새로운 시대와 초심
   기도와 노동의 힘
8. 당시 교황은 아비뇽에 있던 요한 22세였다.
9. 이 책에서는 35장의 벽화 중, 책의 다른 부분에서 소개한 내용을 제외한 24장의 벽화를 다루었다.